ミクロ経済学の
第一歩［新版］

FIRST STEPS IN MICROECONOMICS

著・安藤至大

有斐閣ストゥディア

新版 はじめに

　2013 年に出版された本書は，幸運にも多くの読者に活用していただくことができました。その後に私が日本大学の研究所から経済学部に異動になり，多くの学生を対象とするミクロ経済学の導入教育に携わるようになりました。そこで受けた学生からの反応なども踏まえて，以下のような点を加筆修正した新版を作成することにしました。

1. ミクロ経済学の地図

　初学者がとまどうポイントとして，いまどの部分を勉強しているのかを見失ってしまうことや，なぜこのような内容を勉強しなければならないのかがわからずやる気が出ないことなどが考えられます。そこでミクロ経済学の全体像を地図の形で表現してみました（27 ページ）。

　その上で，各章ごとに，いまどの部分を勉強しているのかがわかるように章扉に地図を示しています。

2. 完全競争市場の定義の見直し

　教科書によって完全競争市場の定義は異なります。それは文章表現の仕方だけでなく，満たしているべき条件についても差異が存在していることが多くあります。

　本書の初版では，市場の失敗について説明する際に便利になるように，独自の説明をしていました。しかし，価格受容者（プライステイカー）であるための条件という一般的な定義との差を明確にするために，新版からは「理想的な取引環境」という用語を「完全競争市場」とは分けて説明しています。

　そして，本書の中では，一般的には完全競争市場と呼ばれるような状況であっても理想的な取引環境という用語を用いている場合があります。これは完全競争市場という表現よりも，理想的状況を扱う本書の前半部分を，現実的状況（＝市場の失敗）を扱う後半部分と対比させる描き方のほうが理解しやすいと考えたことが理由です。

3. コラムの追加

独習することが可能な教科書にしたいと考えて執筆した本書ですが，ページ数の制約などもあり初版では掲載しなかった説明がありました。しかし学生の反応を見ていると，やはり理解の助けになる事項ではないかと考えて，いくつかの説明を追加しました。

なかでも「一つあたり」の図と「全部でどれだけ」の図の違いについて（コラム⑮）は，多くの初学者が戸惑うポイントであると思います。ぜひコラムも飛ばさずに読んでいただければと思います。

4. 確認問題の追加

理解の確認をするために有益だと考えて，確認問題などを追加しました。

本書は，皆さんが使える技術としてのミクロ経済学を学ぶことの手助けになればと考えて作りました。また，本書をしっかり理解することは，「もっと学びたい！」と考える人が中級以上の教科書を学ぶ際にも有益なはずです。本書の最後に，お薦めの教科書リストと簡単な説明がありますので，こちらも参考にしてください。

2021 年 2 月

安藤 至大

はじめに

この教科書の目的

《**経済学は難しい!?**》 この教科書は，ミクロ経済学の最初の一歩をわかりやすく説明することを目指して作りました。「これだけ読めばミクロ経済学のすべてがわかる！」といった百科事典のような本ではなく，本格的なミクロ経済学の教科書を読み始めるよりも前に，とりあえず目を通しておくとその後の勉強が楽になるような，気軽に読める一冊にしたいと思って書いた本です。

経済学は，とても面白いし，実際に役に立つ学問です。しかし，学ぶのが難しいと感じる人が多い学問でもあります。

なぜ多くの人が「経済学は難しい」と感じるのでしょうか？ どうすればもっと簡単に理解できるのでしょうか？

経済学が難しいことの理由はいくつか考えられます。これまでに経済学を勉強したことがある学生に「なぜ難しいと感じたのかな？」と聞いてみたところ，

- 数式や図を使うから
- 教員の教え方が悪いから
- 教科書が難しいから

といった予想したとおりの答えが返ってきました。そこで本書では，これらの問題にできるだけ対処することにしました。

《**数式は最低限だけ**》 まずは数学を使うという点が大きいようですね。微分や積分の式などが出てくると「もう無理！」という人もおそらくいるでしょう。そこで，この教科書では，**簡単な計算以外は使わない**ことにしました。「足す・引く・掛ける・割る」という四則演算と，図形の面積を求める以外の計算は登場しません。その代わりに，図をたくさん使って説明します。

《**一人でも読み進められるように**》 次に大学教員の教え方が悪いという理由についてです。もちろん教え方が上手な先生も多いはずですが，なぜあまり上手ではない先生がいるのでしょうか？

もしかしたら，大学の教員になるような人は，経済学的な考え方を最初から容易に理解できる人だったということがその理由なのかもしれません。自分にとっては簡単だったので，困っている学生がいても，なぜわからないのか，またどこでわからなくなるのかがわからない，そんな可能性もあります。

　そこでこの教科書では，とりあえずは皆さんが一人でも勉強できるように，**基礎中の基礎のところをできるだけ細かく説明することにしました。**この教科書の内容を理解した上で先生の話をもう一度聞くと，「なんだ，そういうことだったのか！」と感じるはずです。

《引っかかりやすい点を丁寧に》　それでは教科書が難しいのはなぜでしょうか？　それは，多くの教科書の説明が丁寧ではないことが理由だと私は考えています。これはページ数の制約などもあって仕方がない面もあるのですが，話の前提となっていることをあまり詳細に書いていない教科書も多いのです。

　そこでこの教科書では，扱う内容をかなり限定してしまう代わりに，**できるだけ説明を省かずにわかりやすく記述することを心がけました。**特に，経済学をはじめて勉強する人が引っかかりやすいポイントについては注意して解説しています。

《最初の一歩のお手伝い》　この教科書では，ミクロ経済学を最初に学ぶ上で**最低限必要となる内容に限定して説明をしています。**例えば，リンゴとミカンという複数の商品があるときに，お客さんがどちらを買うのか，または両方をバランスよく買うのかといった問題は，普通の教科書では当たり前のように登場するのですが，本書では少ししか扱いません。複数の商品が出てくると話の本質がわかりにくくなるので，特定の商品（例えばリンゴ）の売買だけに注目して，その商品の売り手と買い手の関係についてのみ考えていきます。

　ミクロ経済学を学ぶ上で，この一冊は，あくまで足掛かりにすぎません。入門編である本書に続いて，初級・中級レベルの教科書を使ってミクロ経済学をさらに深く学ぶことをお勧めします。それにより，その先にある多彩な応用分野についても容易に理解できるようになるはずです。

　本書を通じて，皆さんが経済学を学ぶ最初の一歩のお手伝いができれば，私もとても嬉しいです。それでは一緒に勉強しましょう！

┃ この教科書を作成するにあたって ┃

この教科書は，私が政策研究大学院大学で 2009 年度から担当している「政策分析のためのミクロ経済学 I・II」の講義資料をもとに，大幅に加筆修正するかたちで作成しました。もちろん大学院での講義では，90 分間の講義を全部で 30 回実施することから，より多くのトピックを扱いますが，本書はその最初の部分をまとめたものです。

この教科書を作成するにあたり，政策研究大学院大学と東北大学公共政策大学院の学生の皆さんから受けた質問やコメントは，大変参考になりました。またこの教科書の草稿を，東京大学の尾山大輔さん，大阪市立大学の北原稔さん，小樽商科大学の中島大輔さんに，忙しい時間を割いて目を通していただき，改善すべき点を数多く指摘してもらいました。そして有斐閣の担当編集者である渡部一樹さんと尾崎大輔さんには，多方面にわたる的確なアドバイスをいただきました。ここに記して感謝します。

2013 年 11 月

安 藤 至 大

この教科書の使い方

実例を探しながら読んでみよう

　教科書や講義から得た知識を使える道具にするためには，書いてあることや言われたことを単に暗記するのではなく，内容をきちんと理解することが必要です。そのためには少なくとも基礎的な事項については，何も見ずに自分の言葉で説明できることが求められます。

　この教科書では，細かくチェックポイントを設定してありますので，そこまでの話を理解できているかどうかを**確認しながら読み進める**と効果的でしょう。

　それに加えてぜひ試していただきたいのは，本文中で挙げられている話とよく似た別の例がどこかにないか，自分で考えてみることです。表面上はまったく異なる出来事なのに，よく考えると，その背後にある本質的なメカニズムが非常によく似ている，そのような**例を自分で探しながら読む**ことで，経済学の考え方を応用する力が身につくはずです。

友達に説明してみよう

　教科書や講義で学んだ内容を自分がしっかりと理解できているかを確認する良い方法として，他の人に説明してみるということがあります。例えば，定期試験の前に，友人を集めて実際に講義をしてみることは，とても勉強になります。

　人に教える際には，扱う内容のうちのどこがわかりにくいのか，またどのような具体例を出せば相手に理解してもらえるのかを事前によく考えておく必要があります。そして最初の説明では伝わらなかったときのことも考えて，いくつかの異なる説明方法も準備しておかなければなりません。このように**教える側の立場に立ってみる**と，その内容を自分が本当に理解しているのかを確認することができるのです。

　これは必ずしも実際に人を集めて教えてみなければ意味がないということではありません。自分なりのノートを作るなどして，その準備をするだけでも十分に役立つはずです。

試験問題を作ってみよう

また，定期試験の予想問題を作ってみることも良いトレーニングになるでしょう。自分が先生だったとしたら，どのような問題を出すのかを実際に考えてみるのです。教科書や講義で学んだ内容を学生が理解しているかどうかを確認するためには，どんな問題を出せばよいでしょうか？

このときに注意しなければならないのは，全員が解ける簡単すぎる問題を作っても，また誰も解けない問題にしてもダメだという点です。最低限の内容を覚えているかを試すだけでなく，内容をちゃんと理解しているか，また応用が利くかについても確認できるようなバランスの良い問題をうまく組み合わせて100点満点の試験問題を作るのは結構難しいことなのです（私もいつも苦労しています）。そして作った問題を友人と交換して実際に解いてみる，そんなゲームも面白いですね。

皆さんにも自分なりの勉強法があると思いますが，少しでも参考になれば幸いです。

教科書のウェブサポートページについて

本書では，インターネット上にサポートページを開設しています。サポートページのアドレスは

http://www.yuhikaku.co.jp/static/studia_ws/index.html

です。紙幅の関係で載せられなかった追加的な説明や練習問題の解答例などが掲載されていますので，ぜひご活用ください。

また文章を読んだだけでは理解するのが難しいと思われる点や追加的な説明が必要だと考えた点を解説するために，解説動画を作成しました。動画は▶️マークのある部分を解説しています。

加えて本書には掲載されていない新たな練習問題なども見ることができますので，ぜひ上記の出版社のページ，または著者のホームページ

https://munetomoando.net/micro/index.html

にアクセスしてください。

著者紹介

安 藤 至 大（あんどう　むねとも）

日本大学経済学部教授

1976 年生まれ。1998 年 3 月，法政大学経済学部経済学科卒業，2004 年 3 月，東京大学博士（経済学）。政策研究大学院大学助教授，日本大学大学院総合科学研究科准教授などを経て現職。専門は，契約理論，労働経済学，法と経済学。社会的活動として，厚生労働省労働政策審議会労働条件分科会の公益代表委員などを務める。

主な著作

「副業・兼業の拡大が労働市場に与える影響」『季刊　労働法』2020 年，第 269 号，pp. 50–55.

「金銭的・非金銭的報酬とワークモチベーション」『日本労働研究雑誌』2017 年，第 684 号，pp. 26–36.

「正規雇用労働者の労働条件──経済学の視点から」『変貌する雇用・就労モデルと労働法の課題』（野川忍・山川隆一・荒木尚志・渡邊絹子編著）商事法務，2015 年，第 4 章（4-3），pp. 215–240.

『これだけは知っておきたい働き方の教科書』（ちくま新書）筑摩書房，2015 年。

"Intergenerational conflicts of interest and seniority systems in organizations," (with Hajime Kobayashi), *Journal of Economic Behavior and Organization*, Vol. 65, No. 3-4, 2008, pp. 757–767.

"Division of a contest with identical prizes," *Journal of the Japanese and International Economies*, Vol. 18, No. 2, 2004, pp. 282–297.

読者へのメッセージ

この教科書は，ミクロ経済学の最初の一歩をわかりやすく説明することを目指して作りました。皆さんが一人でも勉強できるように，基礎中の基礎のところを丁寧に説明しています。基本となる考え方をしっかりと身につけることができれば，さまざまな現実の問題に応用できるようになります。それでは一緒に勉強しましょう！

目　次

第 1 部　ミクロ経済学の考え方

CHAPTER 1

ミクロ経済学とは？　　　　　　　　　　　　　　2

交換の利益を最大限に実現させる方法を考える！

第 **2** 部　　理想的な取引環境

CHAPTER **4**

市場均衡と効率性 79

理想的な取引環境が持つ望ましい性質とは？

CHAPTER **5**

理想的な取引環境への政府介入と死荷重の発生 110

一見するとよさそうな政策に伴う副作用を考えよう！

本文イラスト：有留ハルカ，章扉イラスト：Ryoko Takahashi

Column● コラム一覧

第1部

ミクロ経済学の考え方

PART

1

第 **1** 章

ミクロ経済学とは？

交換の利益を最大限に実現させる方法を考える！

© 2021 Ryoko Takahashi

INTRODUCTION

　この章では，ミクロ経済学の基本的な考え方を紹介します。まず，物の価格と価値とは同じではないことを確認します。そして，自分の物と他人の物とを（両者が合意の上で）交換するとき，それにより両者ともに満足度が増えること，つまり交換の利益が生まれるということを理解しましょう。

　続いて，ミクロ経済学の目的とは何かを説明します。それは交換の利益を最大限に実現させることです。ミクロ経済学では，この目的を達成するためには，市場における人々の自由な取引と政府による取引への規制・介入との間で，どのような役割分担をすればよいのかを考えていきます。

1 価格と価値の違い

価格とは？

これからミクロ経済学について一緒に学んでいきましょう。まず，物の価格と価値とは同じではないことについて確認するところから始めます。「そんなの当たり前だ！」と思う人がいるかもしれません。しかし，実はこのことをきちんと理解するのが最初の一歩としてはとても重要なのです。

①のイラストを見てください。この自動販売機では，缶コーヒーやウーロン茶などさまざまな飲み物が 120 円で販売されています。このとき例えば缶コーヒーを手に入れたければ，私たちは 120 円を支払う必要があります。この 120 円というのが価格です。

なお売買を行う際に，買い手が支払う金額のことを指す言葉としては，価格だけでなく，値段や代金などといった別の表現もあります。しかし，これらは同じ意味だと考えて，この教科書では価格という表現を使うことにします。

価格と価値は違う

この自動販売機で売っている缶飲料の価格はどれでも 120 円です。ところで皆さんは，のどが乾いているとしたらどの商品が欲しいですか？

ここで大事なのは，価格が同じだからといってどれでもよいわけではないという点です。それは人には好みがあるからです。例えば，缶コーヒーは苦手ですが，ウーロン茶ならば飲みたいという人がいるかもしれません。また同じ缶コーヒーでも，無糖の商品でなければイヤだという人もいるでしょう。

この例からわかるのは，複数の商品の

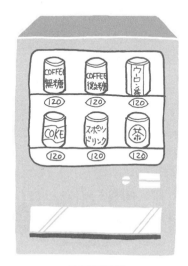

①自動販売機

価格が同じでも，消費者（＝物やサービスなどの最終的な買い手であり，実際に使って楽しむ人のこと）にとっての価値は同じではないということです。「コーヒーでもウーロン茶でも，どちらでもよい」といったように，たまたま一致することがあるかもしれませんが，そんな偶然はなかなか起こりません。

　価格と価値とは同じではないということを考えるとき，他にもさまざまな例を挙げることができます。ゲームソフトを買うときに，価格が同じならばどのソフトでもよいわけではありません。また，のどが渇いているときにコンビニに入ったとします。このときペットボトルのお茶と鮭のオニギリが仮に同じ150円だったとしても，その価値は違うはずです。

┃ 価値とは？

　それでは価値という言葉が何を指しているのかについて，もう少し丁寧に考えてみましょう。②のイラストを見てください。とても美味しそうなステーキが描かれています。あなたなら，このステーキにいくらまで支払えますか？

　その金額は人によって違うはずです。「1000円までなら支払ってもよいが，1000円を超えたら高すぎる」という人もいるでしょうし，「これなら2000円くらい支払ってもよい」と考える人もいるでしょう。

　経済学では，物の価値とは，その物に対して現時点で支払ってもよいと考える上限の金額であると考えます。これを支払意思額といったりもします。

　先ほど説明したように，物の価値とは，その物を実際に購入する際に支払う金額である価格とは違います。そして，物の価値は人によっても異なりますし，同じ人でも時と場合によって変わるのです。

　例えば，世の中には，ステーキが大好きな人もいれば苦手だという人もいます。また，いくらステーキが好きな人でも，3日間連続でステーキを食べたら，次の日は「もう飽きたし，食べたくない」と思うでしょう。このとき初日に支払ってもよいと考えた上限の金額よりも低い金額でも支払いたいとは思わないはずです。そして，体調が悪いときにも，高い代金を支払ってステ

②美味しそうなステーキ

ーキを食べたいとは思わないでしょう。消化によいお粥などを選ぶのではないでしょうか。

また同じ物を一つではなくいくつか買うことを考えたとき，1個目と2個目では価値が異なるでしょう。例えば，お腹が空いているときにステーキを食べることを考えても，1枚目のほうが2枚目よりも価値が高いと思われます。

さて，私たちが対価を払って手に入れようとするのは，目に見えて手に取れる品物だけではありません。さまざまなサービスや知識・アイデアなども取引の対象になります。例えば缶コーヒーは品物ですが，美容院で髪を切ってもらうのはサービスです。またレストランでは，食べ物とサービスの両方が提供されます。そこで取引の対象となるものを総称して，財・サービスと呼ぶことにします。

 財・サービスを買う

なぜその財を買うのか？

前節では，価格と価値の違いを説明する際に，自動販売機で売られている缶飲料の例を用いました。さて私がこの自動販売機で無糖の缶コーヒーを買ったとします。なぜ買ったのでしょうか？「欲しかったから」とか「のどが渇いていたから」といった答えでも間違いではないのですが，ここでは価格と価値の違いに注目して考えてみてください。また，なぜ他の飲み物ではなく缶コーヒーを買ったのかという点についても，同様に考えてみましょう。

まず私が120円を支払って缶コーヒーを買ったということは，120円と缶コーヒーを交換したということです（イラスト③）。そして，誰からも強制されていないし騙されてもいないのであれば，この交換をしたのは，そうしたほうが

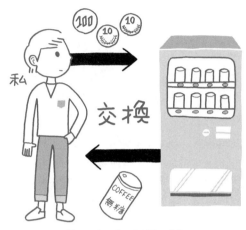

③コーヒーと 120 円の交換

私にとって得だったからだと考えることができます。

　理解を容易にするために，別の例から先に考えてみましょう。例えば，「私の 500 円玉 1 枚とあなたの 1000 円札 1 枚を交換してください」と私がお願いしたら，あなたはどうしますか？ 普通なら拒否しますよね。「変な奴がいるぞ」と思って警察に通報するかもしれません（笑）。

　これとは逆に，私の 1000 円札とあなたの 500 円玉を交換してくださいと持ちかけたら，多くの人が交換してくれるはずです。それは，あなたにとって交換する前よりも後のほうがお金が増えてうれしいからです。

　120 円と缶コーヒーの交換もこれに似ています。なぜ交換をするのかといえば，**交換する前よりも満足度が増えるからです**。

　ここでカギとなるのが，先に学んだ**価格と価値の違い**です。例えば，私が気分転換のために缶コーヒーを 1 本だけ買おうとしているとき，明確に意識しているかどうかは別にして，例えば 150 円までといったように，支払ってもよい上限の金額があるはずです。そしてその上限の金額が，缶コーヒーの価格である 120 円よりも高いからこそ望んで交換しようとするのです。

なぜ他の財ではなく，缶コーヒーを買ったのか？

　それでは，ウーロン茶などの他の飲み物ではなく，なぜ缶コーヒーを買った

のかについても考えてみましょう。話を簡単にするために，私にとっての選択肢は，缶コーヒーを買うか，ウーロン茶を買うか，そしてどちらも買わないかの三つだとします。

なぜ私は缶コーヒーを買うことを選んだのでしょうか？ それは，例えば缶コーヒーの価値は150円相当であるのに対してウーロン茶の価値が130円相当だったというように，コーヒーのほうがウーロン茶よりも私にとっての価値が高かったからです。そしてコーヒーの価値である150円が120円という価格よりも高いことも必要です。つまり私にとって，缶コーヒーとウーロン茶と120円の価値は，④のイラストの上側のような関係になります。

では残念なことに缶コーヒーが売り切れだったとしたら，どうするでしょうか？ このときはウーロン茶を買います。ウーロン茶を買ったとしても，その価格（120円）よりも私にとっての価値（130円相当）が高いので交換によって得をするからです。

せっかくですので別のケースも考えておきましょう。例えば缶コーヒーの価値は，私にとって上の例と同じく150円相当ですが，ウーロン茶の価値は（130円相当ではなく）110円相当だったとしましょう。このとき私は缶コーヒーならば買いたいわけですが，缶コーヒーが売り切れていたとしてもウーロン茶は買いません。満足度の大小は④のイラストの下側のような関係になっているため，買ったら損をするからです。

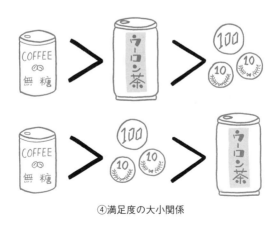

④満足度の大小関係

３ 合意に基づく交換

売り手の視点から見ると？

前節では，私が缶コーヒーを買うのは，価格を価値が上回るときだと説明しました。それでは買い手側のことだけでなく売り手側についても考えてみましょう。この自動販売機では，なぜ120円という価格で缶コーヒーが販売されているのでしょうか？

それは売り手にとっても，缶コーヒーと120円を交換することで得できるからです。まず自動販売機では，売り手が一方的に価格を決めます。そして売り手が設定した価格が120円だということは，見切り品である等の特別の事情がない限り，その仕入れ値は120円よりも安いはずです。例えば仕入れ値が１本80円だったとすると，缶コーヒーが１本売れるたびに，売り手は120円から80円を引いた差額である40円の儲けを手に入れることになります。

ここで「価格を120円ではなく，例えば，150円にすれば，もっと儲けが大きくなる。したがって，ここでの話は売り手が仕入れ値の80円よりも高い価格を付けたことの説明にはなっていても，120円という価格を選んだことの説明にはなっていない」と考えた読者がいるかもしれません。

それはとても正しい指摘です。しかし価格がどのように決まるのかについての説明は，第４章で扱うので，もう少し待ってください。

いま大事なことは，売り手の視点からは，価格が価値を上回るから交換しているという点です。このケースでは，売り手にとっての缶コーヒーの価値は，仕入れ値の80円だと考えることができます。なにしろ80円でいくらでも仕入れることができるのですから。

ここまでの話をまとめると，買い手の視点からは価格を価値が上回るから，

また売り手の視点からは，逆に，価格が価値を上回るから交換が行われるということができます。

売り手と買い手

ここで注意してほしいことがあります。それは財・サービスの売り手と買い手といったときに，それが実際に製造した人と消費する人であるとは限らないということです。

例えば，美容師さんに髪を切ってもらうときには，サービスの売り手と買い手の関係が明確です。これに対して，例えばキャベツのような野菜をスーパーで買う場合を考えると，まず農家が作ったキャベツをスーパーが買い，今度は私たち消費者がスーパーから買うといったように何段階かのステップを踏むことになります。これは缶コーヒーの場合も同じです。

しかし話をわかりやすくするために，特に明記しない場合には，この教科書では実際に作った人と消費する人との間の直接的な取引，または最後の売り手と消費者との間の取引に注目することにしましょう。

ちなみに缶コーヒーの仕入れ値である80円には，コーヒーを製造して缶詰にする費用，また工場から自動販売機まで運ぶ際にかかる輸送費用や人件費などがすべて含まれています。この財・サービスを生産・提供するための費用についても，第4章できちんと説明します。

交換の利益

今回の取引によって，売り手と買い手はそれぞれどのくらい得したのでしょうか？　まず売り手は1本80円で仕入れた商品を買い手に120円で販売しました。よって40円得しています。また買い手は実は150円までなら支払ってもよいと考えていた商品を120円で手に入れています。つまり30円分だけ得しています。このとき，**交換が成立することで両者ともに得**していて，二人合わせて70円分の交換の利益が発生しています（イラスト⑤）。

ここで注意したいのは，売り手側の利益は取引価格から仕入れ値を引いた数字として明確になりますが，買い手についてはそうではないという点です。

まず売り手は，仕入れの段階で手元の80円を缶コーヒーと交換し，続いて販売する際には缶コーヒーを120円と交換しているので，お金が40円増えて

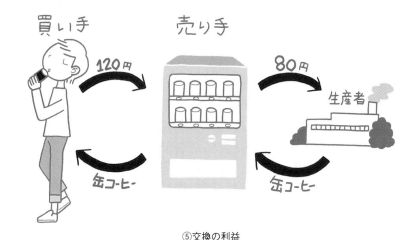

⑤交換の利益

います。これに対して，買い手のほうは，財布から120円を支払って商品と交換しているので，何が交換の利益に相当するのかがわかりにくいかもしれません。お金が増えたわけではなく，財布の中身はむしろ減っていますから。しかし買い手は120円の現金を150円相当の価値がある缶コーヒーと交換することで，差し引きすると30円分だけ得しているのです。

当事者の合意とは？

　ここで交換の利益についてきちんと理解するために，注意すべき点をいくつか確認しておきましょう。

　まず，その交換が売り手と買い手の合意に基づいたものであるとき，交換により両者が得をすることになります（イラスト⑥）。しかし売り手が買い手を騙したり，買い手が売り手から無理矢理奪ったりする場合には，両者が得をするとは限りません（まあ，これらの行為を交換とはいわないのが普通ですね）。

　次に注意したいのは，何が起こるのかが不確実な場合には，交換した後になって結果的に損したと感じることもありうるという点です。例えば，1枚300円で宝くじを購入したとしましょう。このとき300円と宝くじとの交換は合意の上で行われています。しかし，当選番号が発表された後では，外れくじは単なる紙くずになってしまいます。そして宝くじが外れた人は「お金がもったいなかったなあ」とか「損したなあ」などと感じるかもしれません。

⑥合意に基づく取引の成立

　別の例として，小雨が降ってきたときに，これから雨が本格的になりそうだと思って，コンビニで500円のビニール傘を買った場合を考えてみましょう。このとき店を出てすぐに雨が上がってしまったとすると，やはり「買わなくてもよかったなあ。損したなあ」と思うでしょう。

　しかし，どちらの場合でも取引が行われる段階，つまり結果が確定していない段階では，そうすることによって得をすると考えたからこそ交換に合意しているのです。

人によって価値が違うということ

　最後に，前節において説明のために用いた500円玉1枚と1000円札1枚を交換するという話と，缶コーヒーを120円で買う話との違いについても確認しておきましょう。まず500円玉と1000円札を交換する場合は，片方は得しますが，もう片方は損します。よって合意に基づく交換は成立しません。一方で，缶コーヒーと120円の交換の場合には両者が得するため，交換が成立します。この二つの話の間には，どのような違いがあるのでしょうか？

　重要なのは，やはり価格と価値の違いを理解することです。まず，お金の場合には，誰にとっても価格と価値が一致しているので，原則としては両者が得する交換というのは起こりません。

　これに対して缶コーヒーの場合には，150円と80円といったように，人に

⑦人々の間で，価値に違いがあることが大事

よって価値が違うことがありえます。そして**両者の考える価値に差がある場合には，その間の価格で交換することで互いに得することができる**のです。このように考えると，人々が考える価値に違いがあることが実はとても重要なことがわかります（イラスト⑦）。なぜなら**違いがあることが交換の利益の源泉となる**からです。

CHECK POINT

□ 1 合意に基づく交換をすることで，売り手と買い手の双方が得をします。

□ 2 交換の利益とは，手元のお金が増えることだけではなく，満足度の増加も含みます。

□ 3 交換の利益が生まれるためには，財・サービスに対する価値が人によって異なることが必要です。

4 交換の利益と余剰

消費者余剰，生産者余剰，総余剰

ある財が，その価値を低く考えている人から高く考えている人の手に渡ることによって，新たな価値が発生します。先に説明した缶コーヒーの例では，80

円と評価している売り手から150円と評価している買い手に財が移動することで，70円分の価値が生まれました。

　財が，それをより高く評価する人の手に渡ることにより生み出された新たな価値のことを経済学では余剰といいます。そして買い手側の得た利益を消費者余剰，売り手側の得た利益を生産者余剰といいます。缶コーヒーが120円で売買される例では，消費者余剰が30円で生産者余剰が40円でした。そして生み出された交換の利益の合計（ここでは消費者余剰と生産者余剰を足し合わせたもの）を総余剰（または社会的余剰）といいます。

▌余剰の発生と金銭の増加の違い▐

　もう一点だけ注意点を述べておきましょう。缶コーヒーの例では，総余剰は70円でした。ただしこれは生み出された満足度の大きさを金銭単位で測っているのであって，実際に世の中に70円分のお金（貨幣）が増えたわけではありません。実際に行われているのは，売り手にとっては缶コーヒーを手放して120円を受け取るという行為であり，買い手にとっては120円を手放して缶コーヒーを受け取るという行為です。お金は増えていませんね。

　消費者余剰と生産者余剰，そして総余剰の関係を理解するためには，別の説明をしたほうがわかりやすいかもしれません。まず売り手と買い手とは考えずに，缶コーヒーを80円相当だと評価するAさんが150円相当だと評価するBさんに，缶コーヒーを1本プレゼントしたとします。これだけで世の中の満足度が70円相当分だけ増えているのです（イラスト⑧）。これが総余剰です。

　しかし単にプレゼントするだけでは，Aさんの満足度は80円相当からゼロになってしまいます。これだと一方が損して一方が得しているので，今度はBさんがAさんにお金を120円だけプレゼントしたとします（お金とは，他のさまざまな財・サービスと交換できる，とても便利な道具です）。それによりAさんの満足度は最初と比較すると40円分だけ増えていますし（＝生産者余剰），Bさんの満足度は30円分だけ増えています（＝消費者余剰）。このように考えると，貨幣が増えたわけではなく，あくまで満足度を金銭換算した70円相当分の価値が交換により世の中に生み出されたということが理解できるはずです。新たな価値（＝総余剰）を消費者と生産者でうまく分けあっているのですね。

⑧財の移動で余剰が生まれる

より大きな余剰が得られる選択をする

　第2節の後半では，ウーロン茶ではなく缶コーヒーを選んだのはなぜかを考えました。ここでは缶コーヒーの価値が150円相当でウーロン茶の価値が130円相当だという状況を再び考えることにします。どちらも価格が120円であるなら，どちらを買ったとしても消費者余剰を得ることができます。このとき二つの飲料の価値の違いが問題になり，飲み物を1本だけ買うなら，価値がより高い缶コーヒーを買うのでしたね。

　さて，ここでウーロン茶が期間限定で安売りされていて，缶コーヒーの120円よりも安い80円で販売されていたとしましょう。このとき私はどちらを買うでしょうか？

　どちらか一方のみを買うとするなら，このケースではウーロン茶だけを買うことになります。なぜなら，こちらのほうがお買い得だからです。

　確認してみましょう。まず缶コーヒーを買うと，私は150円相当の価値から120円の支払価格を引いた30円相当の消費者余剰を手に入れることができます。これに対して，ウーロン茶を買った場合には，130円相当の価値から80円を引いた50円相当の消費者余剰が得られます。ウーロン茶を買うほうが，**得られる余剰が大きい**ですね。このように経済学では，複数の選択肢の中から一つを選ばなければならない状況に直面したときには，人はより満足度の高い

選択肢を選ぶと考えます。ここでは消費者の行動を考えていますので，得られる消費者余剰がより大きいウーロン茶を選ぶのです。

　ただしこの教科書では，今後は原則として一つの財・サービスのみに注目して，消費者の視点からはそれを購入するかどうか，また買うなら何個買うかだけを考えます。そして生産者の視点からも，生産するかどうか，また生産して販売するなら何個売るかだけを考えます。

　リンゴとミカンのように複数の財・サービスがあるときにどちらを買うか，また両方買うかといった選択については扱いません。なぜならミクロ経済学の基本を理解するためには，一つの財・サービスに限定して議論したほうが話がわかりやすいからです。複数の財がある場合については，本書よりもより上級の教科書で勉強することにしましょう。

5　価格の決まり方

価格は誰が決める？

　それでは売り手と買い手がいるときに，**取引価格はどのように決まる**のでしょうか？　自動販売機の場合，売り手側が一方的に価格を決めて，その価格で買いたいと思う人だけが購入するという取引が行われています。しかし売り手が好きなだけ高い価格を付けられるわけではありません。高すぎると誰も買ってくれないからです。

　価格がどのように決まるのかというのは，ミクロ経済学の中で最も重要な問題のうちの一つです。それは取引される財・サービスが，肉や野菜のように，それなりに多く存在するものなのか，それとも一点物なのかによっても違いますし，取引が誰の間でどのように行われるかといった取引環境によっても変わります。例えば，売り手も買い手も一人ずつしかいない場合と双方が無数にい

る場合とでは価格の決まり方が違うのです。

相場の価格

価格の決まり方の違いについて考える際に最初のカギとなるのは，**相場の価格が存在しているかどうかを確認すること**です。ここではコンビニのアルバイトとして働く高校生について考えてみましょう。このケースでは，高校生が労働力の売り手でありコンビニの経営者が労働力の買い手になります。そして賃金とは，1時間あたりの労働力の価格です。

以下では特定の地域に多数のコンビニが出店しているケースを考えてみましょう。このとき，もちろん東京の店と長野の店とでは1時間あたりの労働力の価格（＝時給）が違うでしょうが，狭い地域の中であれば例えば時給1100円といった相場の価格が存在します（イラスト⑨）。このような相場とは，店の経営者同士で時給について相談していなくても，いつの間にか決まってしまうものなのです。

相場の価格が存在しているということにはどのような意味があるのでしょうか？ それは，まず，その価格を付けている売り手がたくさんいて，またその価格で買いたいと考える買い手もたくさんいるため，その価格でいくらでも買

⑨コンビニの求人と相場の賃金

えるしいくらでも売れるということです。また，**売り手も買い手も結果的にこの金額でしか取引できないこと**になります。仮にある高校生が，採用面接の際に「俺は時給として2000円くらいもらえなければ働かない！」と主張したとしても，「うちの時給は1100円です」と冷たくいわれて面接に落ちるでしょう。店の側としては，時給1100円で働いてくれる別のアルバイトを探せばよいのですから。

　反対に，コンビニの経営者が「うちの店は経営が厳しいから時給1050円で働いてほしい」と考えたとしても，それは無理な話です。仕事を探している高校生の側からしたら，他の店では時給1100円がもらえるのに，あえて賃金が安いこの店で働こうとは思わないからです。

　このように相場の価格が決まっている場合には，面接時に賃金をいくらにするかを交渉するというかたちではなく，あらかじめ取引の条件が掲示されることになります。そのほうが話が早いからです。

　相場の価格が決まっている商品にはさまざまなものがあります。例えばスーパーで売られているキャベツなどの野菜は，だいたい同じ品質のものであれば，近所の別の店でもほぼ同じ価格となっているはずです。

　それでは相場の価格とはどのように決まるのでしょうか？　これを説明するにはちょっとした準備が必要なので，第3章と第4章でじっくりと考えることにします。

┃ 相場の価格がないことも

　続いて，**相場の価格がない場合**のことも考えておきましょう。相場の価格がないときには，どうやって取引価格が決まるのでしょうか？

　まず当事者同士で話し合って取引条件を決める場合があります。例えばプロ野球選手の年俸は交渉により決定されます。それは球団における個々の選手の役割や貢献度が人によって異なるからです。

　またオークションによって価格が決まることもあります。千利休ゆかりの茶器やピカソが描いた絵画のような一点物が売買される場合には，話し合いで取引条件が決まることもありますが，オークションもよく利用されています。例えば，東京豊洲の魚市場では，早朝からマグロの競りが行われていますが，これもオークションの一種ですね。

これらのように相場の価格がない場合において，取引価格がどのように決まるのかを考えるのはとても興味深い問題なのですが，残念ながらこの教科書では特定の財・サービスの生産者が独占である場合を除いて，ほとんど扱いません。きちんと説明するとなると結構複雑で時間もかかるので，このような問題は本書よりも上級の教科書で学ぶことにしましょう。

ミクロ経済学の目的

交換の利益を最大限に実現させる

この章では，まず価格と価値の違いについて説明し，次に合意に基づく交換が行われることで売り手と買い手の双方が得をするという話をしました。その生み出された利益が余剰です。ここまでは理解できたでしょうか？

それでは必要な準備ができたので，**ミクロ経済学**とはどのような**学問**なのかを皆さんに紹介することにしましょう。この教科書では，次のように考えることにします。

人々が合意の上で行う**交換によって生み出される利益（＝余剰）を最大限に実現させる**ことがミクロ経済学の目的である。

ミクロ経済学の目的については，教科書によって少しずつ異なる説明がなされています。例えば，経済学とは限られた資源をどのように配分するのかを考える学問であるとか，人々の選択とインセンティブを考える学問であるなどと述べられることがあります。しかし，この教科書のように1種類の財・サービスに注目して話を進める限りでは，上記の説明が最もわかりやすいはずです。

本来の目的とは？

経済学の本来の目的とは，人々の幸せを最大限に実現させることです。それでは幸せとは何でしょうか？　人々が幸せを感じる瞬間には，物質的な面だけでなく，空が青かった，桜がきれいだった，山頂で食べたオニギリが美味しかったなど，精神的な面も含めてさまざまなケースがあるでしょう。

このように幸福というのは捉えにくい概念です。そこで扱いやすい部分から検討しようということで，この教科書では，幸せの増やし方として，交換により実現できるところに注目することにします。

ただし精神的な満足度がまったく扱われていないわけではありません。例えば，皇居のお堀に咲く桜を見て人々が幸せを感じることも交換として捉えることができます。これは国が皇居の桜を管理して人々に見せるというサービスを提供し，そのための費用は税金を徴収することで賄っていると考えれば，これも交換の実現として考えることができます（詳細は公共財について学ぶ第9章で扱います）。

交換の利益を最大限に実現させるということを目的としたときに，それを達成するためにはどのような手段をとればよいのでしょうか？　この教科書では，この問題を主に考えていきます。

より具体的には，個別の取引の決定を市場における人々の自由な意思決定に任せたほうがよいのか，それとも政府による介入が必要なのかといった問題をこれから順を追って考えていきます。大事なのは，市場か政府かといった極端な二択に陥るのではなく，適切な役割分担を考えることです。

政府の役割

もちろん政府の役割とは，人々が行う個別の取引に対して規制や介入を行うことだけではありません。経済学で考える政府の役割には，大きく分けると以下の3点があります。

1. 所有権の確保や契約の履行といった**市場取引の基盤整備**を行うこと。
2. 人々の自由な取引に任せると，本来望ましい交換が行われなかったり望ましくない交換が行われたりする場合（これを「市場の失敗」があるといいます）に，個別の取引に対して規制や介入を行うこと。ただし政府介入に

伴うデメリット（いわゆる「政府の失敗」）との比較衡量も必要となる。

3. **機会の平等を実現するために必要な取り組みを行うこと。**また避けられない機会の不平等や著しい結果の不平等に対処するために，**再分配を行うこと。**

　これらのうちで，この教科書で扱うのは基本的には 2 番目の市場の失敗がある場合の個別取引への規制・介入についてだけです。なお市場の失敗とは何かについては第 6 章で詳しく説明します。

　上の説明からもわかるように，経済学者が「この問題については市場に任せよう」といったとき，それは政府が不要であるという意味ではありません。たまたま注目している財・サービスの個別の取引には介入が必要ない場合であっても，政府には他にも重要な仕事がたくさんあるからです。

　なお経済学の教科書では，**立法・司法・行政のすべてを総称して政府**と呼ぶことがあります。したがって，これからの話の中で政府が登場したときには，それが具体的に何を指しているのかについて注意しながら理解するようにしてください。

CHECK POINT

□1 ミクロ経済学の目的は，交換の利益を最大限に実現させるために，市場における自由な取引と政府による規制・介入との適切な役割分担を考えることです。

□2 本来ならば人々の幸福を増大させるためには何が必要なのかを考えたいのですが，それがとても難しいために，ミクロ経済学では交換の利益をできるだけ多く実現させることに注目します。

□3 政府の役割としては，大きく分けると，市場取引の基盤整備，市場の失敗の是正，そして機会の平等の実現と再分配の実施の三つが挙げられます。

EXERCISE ●確認・練習問題

【確認問題】

1.1 　他人には価値が低くても自分にとっては価値が高い財・サービスの具体例を探してみましょう。

1.2 　あなたの身の回りに相場の価格が決まっている財・サービスはありますか？ できるだけ多く見つけてください。

1.3 Amazon.com などのネット通販サイトで販売されているさまざまな商品について、自分の支払意思額を具体的な金額として考えてください。また、これまでに購入した商品について、いくらまでなら支払うつもりがあったのかも考えてみましょう。

【練習問題】

1.4 ここでは貨幣を用いた交換ではなく物々交換について考えてみましょう。登場人物は安藤さんと井上さんで、安藤さんは読み終えた文庫本を1冊、井上さんは新鮮なミカンを1個持っているとします。

　このとき安藤さんと井上さんの間で合意に基づく物々交換が成立するためには、文庫本とミカンに対する二人の価値にどのような関係が成立していなければならないでしょうか？ 説明してください。

1.5 あるコンサートのチケットが定価の5000円で販売されているとしましょう。このチケットの売り手をA社とします。またコンサートの開催費用を席数で割った金額、つまりチケット1枚あたりの原価を2000円とします。現実のコンサートでは、S席やA席など、会場内の場所によりチケットの価格は変わりますが、ここでは話を簡単にするために、すべての席は同じ条件だとします。

　そしてこのチケットを購入したBさんは、自分で音楽を聴きに行こうかとも思いましたが、ネットオークションで高く売れるのであれば売ってもよいと考えて、実際に出品してみました。するとこの出品を見たCさんが入札に参加して8000円で落札し、チケットが転売されたとします。

　この状況を前提として、次の質問に答えなさい。なおネットオークション会社に支払う手数料や郵送料等はゼロとします。

　　(1) A社とBさんとCさんが得た余剰（＝交換から得た利益）は、それぞれどの程度の大きさでしょうか？

　　(2) 転売することが違法行為だとして禁止されていたとしましょう。このとき登場する三者の余剰は、それぞれどのように変化するでしょうか？

　　(3) チケットを転売目的で購入し、会場付近等で転売して利益を上げる行為はダフ屋行為と呼ばれ、条例等で規制されています。なぜ個人がネットオークション等で不要になったチケットを転売することは許されているのにダフ屋行為は禁止されているのでしょうか？ 理由を考えて説明しなさい。

1.6 国道の拡幅工事をするにあたり、道路沿いの住宅に住む山口さんに立ち退いてもらうことになりました。この住宅と土地の持ち主である山口さんに対して、国はどの程度の補償金を支払えばよいのでしょうか？

　行政の担当者は「その近辺の土地と建物がどの程度の価格で取引されているの

かを調べて，同程度の金額を支払えばよい」と考えているようですが，山口さんは「それでは不十分だ」と不満そうです。なぜこのような考え方の違いが生まれるのでしょうか？　価格と価値の違いに注意して理由を説明しなさい。

▶

Column❶　高額で取引された美術品は価値が高い？

　　レオナルド・ダ・ヴィンチがイエス・キリストを描いた絵画「サルバトール・ムンディ」が 2017 年 11 月 15 日に美術品オークション市場最高額で落札

サルバトール・ムンディ
(akg-images/アフロ)

されました。購入者であるアブダビ観光局の支払価格は，オークションハウスの手数料も含めると，およそ 510 億円です。

　　このように高値で取引された美術品は「価値が高い」と思われがちですが，そうではありません。他人が高い価値を見出した財・サービスに対して，自分はそのように高い価値を感じなかったとしても，それは間違ったことでも恥ずかしいことでもないのです。

　　人によって価値が違うということを理解するというのは，実際にはなかなか難しいこともあるのですが，これから経済学を学んでいく上でとても重要な事実ですので，もう一度確認しておきましょう。

Column❷　生産者とは？

　　第 4 節において，消費者余剰と生産者余剰という言葉が登場しました。しかしそこで扱われた缶コーヒーの売り手が，必ずしも自分自身でその商品を作っているとは限りません。9 ページでも説明した話ですが，とても大事なので，もう一度考えておきましょう。

　　例えば私たちが玉ねぎのような野菜を買うことを考えてみましょう。実際に購入するのは近所のスーパーマーケットなどでしょうが，玉ねぎを作っているのは農業を営んでいる人たちです。そして収穫した野菜が農協でまとめられて，

それをスーパーマーケットが仕入れてから，消費者に販売するといったように，現実には何段階もの取引を経て商品は消費者の手元に届くのです。

しかしこの中間の流通段階そのものに関心があるのでなければ，理解を容易にするためにも，経済学では売り手は生産者であり買い手は消費者であると単純化した状況を分析することになります。初学者が「経済学は非現実的だなぁ」と感じてしまうポイントの一つなので，あくまで問題を単純化していることに注意してください。

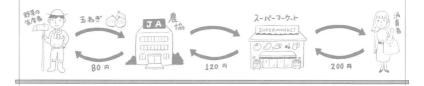

Column❸　記号や数式を用いた表現について

この教科書ではできるだけ避けるつもりですが，一般的な経済学の教科書では，記号や数式などが頻繁に登場します。そのために「私たちの日常生活は数式などで表現されるようなものではない」といった批判が経済学に対してなされることがあります。それでは，なぜ経済学では**数式を用いる**のでしょうか？

それは日常言語で詳細な場合分けや論理的帰結の検討を行うのが難しいからです。数式を使うから難しいというよりは，日常言語で考察するのが難しいから数式を使うのです。

教科書に登場する記号や数式のひとつひとつにはちゃんと**意味があります**。そして，**すべてを日常言語に翻訳することが可能です**。ぜひ試してみてください。そして日常言語で記述することがいかに面倒なことかを知ることで，記号や数式を用いることのメリットを理解できるはずです。

それでは実際に少しだけやってみましょう！

第1章では，財・サービスとお金との交換が行われると，売り手にとっても買い手にとっても利益が生まれる，そのためには人によって価値が異なることが必要だと説明しました。この主張を記号や数式を使って表現してみましょう。

まず登場人物を売り手の i さんと買い手の j さんとします。i さんが持っている品物の i さんにとっての価値を v_i という記号で表します。ここで v という記号を使っているのは価値（value）の頭文字をとっているからです。そして，v_i という記号を日常言語に翻訳すると「i さんにとってのこの品物の価値」と

いう言葉になるわけです。

　なぜ「1000円相当の価値である」のように実際の数字を使わないのかと疑問に思われるかもしれません。それはこの価値がどのような大きさだったら売買が成立するか否かといった多様な状況を一度に考えることができること，そして場合分けがわかりやすくなることなどが理由です。もう少しすると理解できるはずなので，ここでは少しだけ我慢してください。

　同様に買い手である j さんにとってのこの品物の価値を v_j と書くことにします。それではどのような場合に交換の利益が生まれるでしょうか？ それは売り手よりも買い手のほうが価値が高い $v_i < v_j$ のときです。

　重要なのは，この不等式の関係が成立しているからといって交換が行われるとは限らないという点です。なぜでしょうか？ それは取引が成立するか否かは，他のさまざまな要素の影響を受けるからです。例えば，取引相手を探す費用や契約書を作成する費用が大きい場合には，上記の不等式の関係が成立していても取引は成立しないかもしれません。

　なお取引価格を price の頭文字をとって p と書くとすると，交換の利益が生まれるような取引が行われるとしたら，$v_i < v_j$ が成立しているだけでなく，$v_i \leq p \leq v_j$ も成立しています。そうでなければどちらかが取引前よりも損してしまうからです。そして買い手の受け取る交換の利益，つまり消費者余剰は $v_j - p$，そして売り手が得る交換の利益である生産者余剰は $p - v_i$ と書くことができます。

　さて，ここでは i さんにとっての財の価値を v_i という記号で表しました。また価格は p としました。このような記号を用いた表現は，使う人の好みや研究分野等によって異なることがあります。場合によっては，同じ内容を表現するのに他の教科書では別の記号が用いられていたり，また特定の記号が別の意味で用いられていたりする可能性もありますので注意してください。

　経済学では，満足度のことを v（value＝価値）と書くことも，u（utility＝効用）と書くこともあります。しかし誰もが共通に使う記号もあります。例えば価格は p（price），数量は q（quantity），費用は c（cost）が使われることが一般的です。

Column ❹　ゼロサムでなくプラスサム

　経済学が教えてくれる重要なメッセージとして，取引をする際に「誰かが得したら，別の人はその分だけ損をしている」という考え方（これを足したらゼロになるという意味で，ゼロサムの考え方といいます）は多くの状況において間違っているということがあります。

　合意に基づいて交換が行われる場合には，双方に交換の利益が発生しているのです。これを合計が増えるという意味で，プラスサムといったりもします。他にも「Win-Win の関係」などという言い方もありますね。

　国と国の間で行われる国際貿易などを考える際でも，考え方は同じです。合意に基づいて取引が行われるのであれば，どちらかの国が一方的に相手国から搾取するといった関係になるわけではありません。ただし交換の利益を双方が得るというのは，長期的に見て成り立つ話だという点には注意してください。

　ニュースなどでは，貿易黒字や貿易赤字というキーワードをよく聞きます。このとき黒字は良いことで，赤字は悪いことだと思っていませんか？　しかしそれは違います。

　例えば貿易黒字であるとは，国内で生産した財・サービスを海外へ輸出し，その対価を相手国の生み出した財・サービスではなく，お金で受け取ったということを意味しています。後でそのお金を使って他国の財・サービスを購入することによって，自国にとっての利益がやっと実現されるのです。

　A 国と B 国が取引を行う際に，同時に交換するのではなく，A 国が先に相手に財・サービスを渡し，少し時間が経ってから，反対に B 国が財・サービスを提供するケースを考えてください。その間に発生する貸し借りがある状態を黒字や赤字と呼んでいるだけであり，どちらかが良いとか悪いといった関係ではありません。

　ランチを食べにいくとき，食券を買ってから食事をする先払いのケースもあれば，食べ終わってから支払いをする後払いのケースもあります。貿易黒字は先払いで食べること，また貿易赤字は先に食べて後で払うことに似ていますね。

ミクロ経済学の地図

　これから皆さんと一緒にミクロ経済学を学んでいくわけですが，最初から現実的な経済活動を扱うわけではなく，まずは現実離れした理想的な状況から考えることになります。

　そうすると，いま学んでいる内容がどのような意味を持つのか，また現在どの部分を勉強しているのかを見失ってしまうかもしれません。

　そこで**ミクロ経済学の全体像を地図のような形でまとめてみました。**

　私たちが学ぶミクロ経済学は，まず人々がどのような選択を行うのかについて学ぶ意思決定理論から始まります。これは今後のすべての内容に関係するので，地図では中心に位置しています。この教科書では，第2章において，個人の選択を考える上で最低限の内容を説明します。

　その上で本格的に，経済学を学ぶ旅が始まるのです。

　地図の左上に**価格理論**という**大陸**があります。これは人々が取引を通じて余剰を実現するために，自由な取引に任せてよいのはどのようなときか，また政府の介入が必要な状況とはどのようなものかを考えるパートです。

　当初は理想的な取引環境を考えて（教科書の第3〜5章），そのあとでさまざまな困難が伴う現実的な取引環境を考えることになります。これを市場の失敗といいます（第6〜11章）。

　右上は，**ゲーム理論の大陸**です。戦略的な相互依存関係がある状況を扱うことができるこの分野は，1980年頃から急速に発展し，経済学で分析できる対象を大きく広げることになりました。その広大な分野のうち，この教科書では入口部分にあたる同時手番ゲームとナッシュ均衡までを扱います（第12章）。

　下にあるのは，より最近になって発展した応用分野を扱う大陸です。そこではミクロ経済学の内容を前提として，さまざまな経済的・社会的現象を分析することになります。

　最後に地図の左下には，未開の大陸があります。経済学は，完成された学問ではありません。まだまだわからないことだらけなのです。

　仮にすべての現象が解明されていたら，経済学の研究者は不要ですね。しかし日本だけでも少なくない人数の経済学者が研究活動を続けていますし，世界

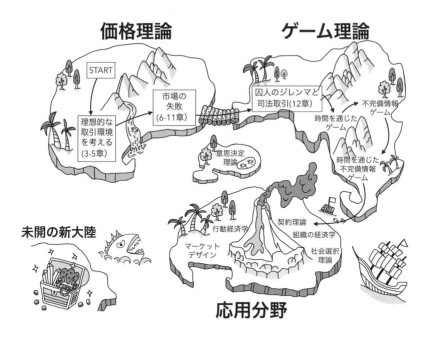

価格理論

ゲーム理論

START

理想的な
取引環境
を考える
(3-5章)

市場の
失敗
(6-11章)

囚人のジレンマと
司法取引(12章)

不完備情報
ゲーム

時間を通じた
ゲーム

意思決定
理論

時間を通じた
不完備情報
ゲーム

未開の新大陸

行動経済学

契約理論

組織の経済学

マーケット
デザイン

社会選択
理論

応用分野

全体で見れば，多数の経済学者が研究活動でしのぎを削っています。

　皆さんとも，早く「わからないことがあるからこそ楽しい！」という感覚を共有できたらよいなと考えています。

　それでは一緒にこの冒険の旅を始めましょう。

第 2 章

個人の選択を考える

四つのキーワードを理解しよう！

© 2021 Ryoko Takahashi

INTRODUCTION

　この章では，個人の選択について経済学ではどのように考えるのかを学びます。まず，人々は主観的な満足度が最大になるような選択を行うということを確認します。そして，インセンティブ・トレードオフ・機会費用・限界的という四つのキーワードを紹介します。それぞれがどのような意味を持つのかを理解しましょう。

1 個人の選択と効用の最大化

満足度の最大化

第1章では，ミクロ経済学の目的とは「人々が合意の上で行う交換によって生み出される利益（＝余剰）を最大限に実現させること」だと説明しました。そのために市場と政府の間でどのような役割分担が行われる必要があるのかについては，第3章以降で考えていくことにしましょう。

この章では，その前に，そもそも人々がどのように自分の行動を決定するのか，つまり個人の選択についてミクロ経済学ではどのように考えるのかを学ぶことにします。

まずミクロ経済学では，人は自分の満足度を最大にするような行動を選択すると考えます。この満足度のことを専門用語では効用といいます。つまり効用を最大にするような選択をするわけです。そのような行動をとることを合理的であるなどといったりもします。

このような説明をすると，場合によっては「人間はそれほど合理的ではない！」と反論したくなるかもしれません。人は無駄遣いをすることもありますし，他人のために寄付をするなど利他的に振る舞うこともあるからです。しかし合理的であるとは，実は本人が納得してそれを選んでいるといった程度の意味でしかありません。

例えば，他の人から見たらよく理解できない行動をしていたとしても，本人がそれに納得して選択しているなら，それは合理的な行動です。別の表現をすると，なぜそのような行動をしたのか他人に説明できるなら，合理的行動だといえます。

例えば，普通の人から見たら，レストランでのディナーに二人で5万円も使っているカップルに対して「もったいないなあ。自分ならそんなことはしないよなあ」と思うでしょう。しかし多くの場合は，結婚記念日のお祝いである等の理由で，本人たちが納得して選んでいるはずです。また自分の利益だけを考えるのではなく，他人への手助けをしたり寄付をしたりすることも，それにより自分が満足するのであれば，それは合理的な行動だと考えることができます。

それでは，人々の選択について考える際に欠かせない，四つのキーワードを紹介しましょう。

1. 人はインセンティブに反応します。インセンティブとは，何らかの行動を行う際の動機となるアメやムチのことです。そしてこれは金銭的なものとは限りません。

2. 人はトレードオフに直面しています。トレードオフとは，「あちらを立てればこちらが立たず」といったように，自分にとって望ましい複数の物事を両立できずに，どちらかを選ばないといけない関係があることを意味します。

3. 会計上の費用と経済学的な費用とは違います。後者を機会費用といい，ある選択を行った際に失うものをすべて足し合わせて計算します。これは人が複数の選択肢の中からどれか一つを選ぶ際に，どの選択が最善であるかを検討するときに便利な考え方です。

4. 人は限界的な部分を見て意思決定を行います。限界的とは，注目している行動について，それを少し増やしたり減らしたりしたときのことを指しています。それにより，行動の変化が結果に対してどのような影響をもたらすのかがわかりやすくなります。

次節以降では，これらを順に見ていくことにしましょう。

CHECK POINT

- ☐ 1 人は主観的な満足度を最大にするように行動を選択します。
- ☐ 2 合理的な選択とは，金銭的な利益が最大化される行動を選ぶこととは限りません。利他的に振る舞うことで自分の満足が得られるのであれば，それも合理的な行動です。

 # 人はインセンティブに反応する

人はインセンティブに反応します。インセンティブとは，わかりやすくいえ

ばアメやムチなど，**人々を動かす動機**のことを指します。例えば，人はうまい話には乗ろうとしますが，嫌なことは避けようとするでしょう。

　以下では，働き方と収入を例に，インセンティブについて考えてみましょう。日本では多くの人が会社に雇われている労働者として働いています。そして対価としての賃金を受け取って生活をしているわけですが，この賃金が仮に努力や成果などとはまったく関係なく，完全に固定されていたとしたら何が起こるでしょうか？　例えば，月給が30万円で固定されているケースを想像してみてください。

　まじめに仕事をしていてもサボっていても，まったく同じだけのお金を受け取れるのであれば，その仕事自体がとても面白いとか経験が後になって役に立つといった特別の事情がないのなら，ちゃんと働かない人が多いのではないでしょうか？（イラスト①）

　もちろん多くの職場では，上司が部下の仕事ぶりを観察したり，何らかの指標を用いて成果を測ろうとしています。そして仮に賃金が固定額であっても，サボっていたら注意されるし，長期的には給料が上がらないなどの実質的なペナルティーがあるはずです。

　しかし，例えば外回りの営業担当者などはどうでしょうか？　この場合は，まじめに働いているかどうかを上司が監視するのは難しいでしょう。

①サボっている外回りの営業マン

そこで多くの企業では，給料として固定給と歩合給を組み合わせたり昇進競争で競わせたりすることで，労働者の動機付けを行っているのです。また誰にでもわかるような形で（正確には，企業側が裁判所に証明できるような形で）サボったりすると，クビになってしまうかもしれません。労働者は，クビになることは避けたいため，ある程度はまじめに働くでしょう。

固定給の場合

固定給の場合よりも歩合給の場合のほうが，労働者が頑張って働くということを，言葉ではなく図によって表現してみましょう。それにより**図を使った説明のわかりやすさ**が理解できるからです。

まず1日でも1時間でもよいのですが，期間を固定して考えます。そしてその期間内に，どのくらい熱心に働くとどのくらい稼げるか，またどのくらい疲れるかを考えることにしましょう。

図2.1の横軸は，その期間にどのくらい頑張って働くのかを意味しています。ここでは努力したらその分だけ確実に成果が出るような状況を考えます。そして2倍努力したら成果も2倍になるとします。したがって図の横軸は，努力水準と成果の両方を表していると考えてください。また図の縦軸は金額を表しているとしましょう。

まず賃金が固定給の場合から考えましょう。このとき，どれだけハードに働いても収入は変わりません。よって収入は高さが変わらない水平の線で描くことができます。これに対して，頑張って働くと疲れます。またそれは2倍働けば2倍疲れるというわけではなく，それ以上に疲れるでしょう。努力することによるダメージの大きさ（これを労働の費用といいます）を金銭換算すると，その関係は図の右上がりの曲線のように表現できます。

このとき労働者はどのような努力水準を選択するのでしょうか？ 普通の人は，収入は多く労働の費用は少ないほうがよいと考えるはずなので，固定給のとき，この労働者はまったく努力しないこと，つまり努力水準としてゼロを選ぶはずです。それにより収入と費用の差が最大になるからです。仮に図の x の水準まで働いたとすると，収入は増えずに労働の費用だけが増えてしまい，収入と費用の差は小さくなってしまいます。

なお，努力水準としてゼロを選択するとクビになるのであれば，クビになら

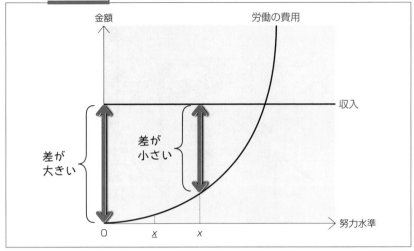

CHART 図2.1　固定給だと努力しない

（図中ラベル）
金額
労働の費用
収入
差が大きい
差が小さい
努力水準
0　　$\underline{x}$　　x

ない最低限の努力をすること（例えば図の$\underline{x}$を選択すること）が考えられます。

歩合給の場合

それでは図2.2のように収入が右上がりになっている，つまり固定給の部分に加えて**歩合給の部分もあるケース**を考えてみましょう。このとき努力をして成果が上がると給料が増えます。

この場合には労働者はどのような選択をするのでしょうか？ まず労働者は，必ずしも労働から得られる収入を最大にしようとするわけではありません。1日24時間のすべてを使って熱心に働けば収入は増えるかもしれませんが，それでは寝る時間も生活を楽しむ余裕もないからです。反対に，労働の費用を最小にしようとするわけでもありません。

このように考えると，労働者は，収入から労働の費用を引いた差が最大になるような努力水準を選ぶと考えることができます。それにより本人にとっての満足度が最大になるからです。このとき図からもわかるように，小さすぎるaや大きすぎるbではなく，中程度の努力であるyを選択するのがこの労働者にとっての最も望ましい選択だといえます。

この歩合給の話で大事なのは，現実の社会においても実際に歩合給やボーナス制度などが存在しているという点，つまり労働者にとってきちんと働いたほうが得になるような制度を企業側が作って誘導しているという事実です。

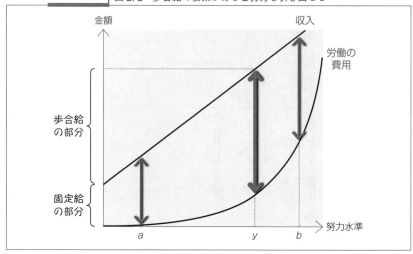

金額

収入

労働の
費用

歩合給
の部分

固定給
の部分

努力水準

a   y   b

繰り返しになりますが，まじめに働くかサボるかといった何らかの行動や選択を行う際の動機のことをインセンティブといいます。そして，インセンティブに働きかけるために，世の中にはさまざまなアメやムチが設定されているのです。

インセンティブを考えた制度設計

さて，このようなインセンティブに働きかけるための仕組み作りが行われているのは職場だけに限りません。例えば，自動車の飲酒運転により発生する事故を減らすことを目的として，2002年と2009年に飲酒運転への罰則が強化されました。その結果として，飲酒運転による死亡事故が10年間で5分の1以下になるなど，大幅に減少しました。

このように制度を設計する際には，人はひとりひとり自分の人格を持って意思決定を行っていること，またルールを変えるとそれによりインセンティブも変わり，結果として人々の行動が変化することを理解し，人々の反応を読み込んだ上でデザインすることが求められます。

例えば所得税率を2倍に引き上げたとして，税収も2倍になるかどうかを考えてみましょう。税率が変わったら多くの納税者はどのように行動を変えるでしょうか？ 想像してみましょう。

まず働いて得られる収入の多くを税金として徴収されてしまうのであれば，

馬鹿らしくなって仕事を減らす人もいるでしょう。また反対に，手取りの収入を維持するために，これまで以上に仕事を増やす人もいるかもしれません。別の視点から考えると，税率が上がると，節税行為をすることのメリットが増えるということもあるでしょう。これらの効果を合計すると，仮に税率を2倍にしても，おそらく税収は2倍にはならないことが予想されます。

　社会の仕組みづくりをする際には，人々のインセンティブについてよく考えることが求められることがおわかりいただけたでしょうか？

CHECK POINT

□ 1 人はインセンティブに反応します。
□ 2 制度を設計する際には，ルールを変えるとそれによりインセンティブが変化し，結果として人々の行動が変わることを理解した上でデザインすることが求められます。

 # 3　人々はトレードオフに直面している

トレードオフとは？

　次に説明するのは，トレードオフの存在についてです。私たちが生活する上で，望ましい複数の物事を両立できないというのはよくあることです。それをトレードオフの関係といいます。いくつかの例を考えてみましょう。

- 好きなものを好きなだけ食べるということと均整のとれた体型を維持するということを両立させるのは，多くの人にとってとても難しいことです。
- 外出時に，自宅から目的地へと移動することを考えてみましょう。このとき移動で楽をしたいことと移動にお金をかけたくないことを両立させるのは難しいでしょう。例えば，タクシーを使うと楽ですが，電車やバスを利用する場合と比べて，より多くのお金を支払うことになります。
- 1日は24時間しかないので，たくさん働いてお金を稼ぐことと十分な睡眠をとることは両立が難しいといえます。
- 私たちが店で買い物をする際には，価格と品質との関係にもトレードオフがあります。品質は高いが価格も高い商品にするか，それともそこそこの品質で価格が安い商品を買うかという選択をすることになります。

なぜトレードオフが存在するのでしょうか？　それは利用できる資源に限りがあるからです。例えば，使えるお金や時間に制限がないなら，好きなものを好きなだけ買ったり好きなだけやったりすることができます。これに対して資源に限りがあるときには，何かを増やしたら何かを減らさなければならないことになります。

　このようにトレードオフの関係がある場合には，私たちは一長一短の関係にある選択肢の中から，どれを選ぶのかを決断しなければならないのです。

公共事業プロジェクトの選択

　トレードオフの具体例として，以下では，大きな川に架けられている橋を新しくする際に，地方自治体の担当者がどのような問題に直面するのかを考えてみることにしましょう。自治体にとって望ましいのは，まず品質が高いこと，そして建設にかかる費用が安いことです。

　図2.3の横軸は新たに架ける橋の品質を，また縦軸は建設費用を表しているとします。このとき自治体にとって望ましい公共事業とは，図の右下に位置するプロジェクトであるといえます。なぜなら品質が高く費用が安いからです。

　さて，この自治体は複数の建設会社に依頼して橋のプランを出してもらい，それを比較することで最良の案を選択することにしました。そこで出てきたのが図のA点とB点に相当する二つの設計案だったとしましょう。なお，それぞれの位置は品質と価格の組み合わせを表しています。

　A案とB案の間には，トレードオフの関係があります。つまり品質が高いが費用も高いA案と，そこそこの品質で費用もそこそこのB案とでは，この自治体にとってどちらがよいのかを検討する必要があるのです。

　これに対して，A案とB案ではなく，仮に図のC点とD点に相当する二つのプランが提示されたとしたら話は簡単です。品質が高く費用が安いD案を選べばよいのです。

　しかし私たちが現実に直面するのは，A案とB案のように，トレードオフの関係がある選択肢の中から選ぶことです。それでは自治体はどちらの案を選ぶべきでしょうか？

　それは品質と価格をどのように評価するかによって変わります。またB案を選択する場合には，それにより浮いたお金を教育や医療など他の大事なこと

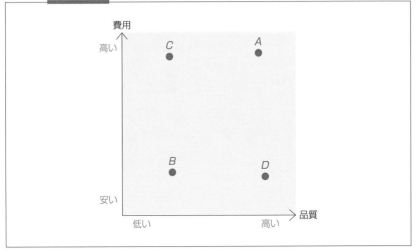

CHART 図2.3 費用と品質

に使うこともできます。この公共事業プロジェクト選択の問題については，政府による公共財の供給を扱う第9章で詳細に説明することにしましょう。

 機会費用に注目する

機会費用とは？

　次に説明するのは，機会費用に注目すると，人々の選択を理解しやすくなるということです。ここでは，会計上の費用と経済学で考える費用（＝機会費用）との違い，また会計上の利益と経済学で考える利益（＝超過利潤）の違いを理解することが重要となります。

　まず会計上の費用とは何でしょうか？　これは，ある選択肢を選んだときに，実際に財布や金庫から出て行った金額のことを指します。お小遣い帳には，もらったお金と使ったお金を記入する欄がありますが，その使ったお金が会計上

の費用にあたります。

　それでは経済学的な費用である機会費用とは，どのようなものでしょうか？それは特定の行動を選んだときに必要となる物やお金や時間など，失われるものすべてを他の用途に使ったとして，最大限に得られる満足度の大きさを金銭換算したものです。これは会計上の費用に見えない費用を足したものであり，式で表すと，

会計上の費用＋見えない費用＝機会費用

となります。

▶️ なぜ機会費用を考えるのか？

　経済学において機会費用に注目するのは，会計上の費用を見るだけでは**何が最善の選択なのか**がわかりにくいからです。そして実際に，人は機会費用を見て選択を行うという点も重要です。

　具体例として，東京に住む田中さんが親から相続した都会の一等地を使って農業をやることの費用について考えてみましょう。

　ここで田中さんにとって可能な選択肢は，

- その土地で農業をやるか，
- その土地は人に貸して地代を受け取り，自分はサラリーマンとして働くか

の二つだけだとします。

　まず1日8時間働くことで農業から得られる収入が年間950万円だとします。また苗や肥料の代金，農機具のレンタル料として年間500万円の経費がかかるとします。このとき田中さんの会計上の利益はいくらになるでしょうか？

　これは簡単ですね。

収入－会計上の費用＝会計上の利益

という関係が成り立ちますので，農業をやる場合の会計上の利益は950万円から500万円を引いた450万円となります。

　次に，この土地を人に貸した場合の地代が年間800万円であり，また500万円の現金を銀行に預けたら1年間で利子がついて503万円になり，そしてサラリーマンとして1日8時間働いた場合の年収が400万円だとしましょう。

　土地を貸して自分はサラリーマンとして働くという選択をした場合には，金銭的な支出は銀行に預けた500万円だけですので，会計上の利益は

②田中さんの選択

$$800 + 503 + 400 - 500 = 1203$$

で，合計で 1203 万円になります。

　このように自分で農業をやる場合でも土地を人に貸す場合でも，どちらも黒字ではありますが，黒字だからといって，都会で農業をやるという選択が望ましい判断だとは限りません。大事なのは，どちらのほうが利益がより大きいかということなのです。このケースでは，農業をやるよりも土地を人に貸して田中さんはサラリーマンとして働いたほうが望ましいことになります（イラスト②）。

　ここで説明した機会費用の考え方を，理解を深めるために言い換えるなら，ある選択をしたときに必要となるものをすべて時価で評価して合計したものということができます。

　農業をするときに，自分の労働力や自分が持っている土地を利用するなら，労働力や土地を別の用途に使ったときに得られる金額を得ることをあきらめているということを「見えない費用」として捉えて，失うもののすべてをしっかりと把握することが重要なのです。

機会費用と超過利潤

　それでは機会費用の考え方を用いて，複数の選択肢があるときに，どちらがベストな選択なのかを検討してみましょう。

　まず田中さんが農業をやることで得られる収入は 950 万円でした。そして農

業をやることの機会費用は，土地を人に貸したら得られたはずの収入である800万円と失われた金利収入の3万円，また自分の労働力を外の企業に提供したら稼げたはずの400万円，そして経費の500万円を合わせた1703万円となります。これを農業から得られる収入から引くと753万円の赤字になっています。

なお，この計算は，

$$950 - (\underbrace{800 + 3 + 400}_{\text{見えない費用}} + \underbrace{500}_{\substack{\text{会計上の}\\\text{費用}}}) = -753$$

と書くことができます。

続いて，土地は人に貸して，自分はサラリーマンとして外で働く場合についても考えてみましょう。この場合の収入は，1703万円でした。また，このときに機会費用として考えなければならないのは，銀行に預けた500万円と農業を選択したときに得られたはずの450万円となります。したがって収入から機会費用を引くと

$$(800 + 503 + 400) - (\underbrace{500}_{\substack{\text{会計上}\\\text{の費用}}} + \underbrace{450}_{\substack{\text{見えな}\\\text{い費用}}}) = 753$$

となり，753万円の黒字になります。

ここでみた二つの数式は経済学的な利益（＝超過利潤）を計算しています。つまり

$$収入 - 機会費用 = 超過利潤$$

という関係があります。

経済学的な利益のことをなぜ超過利潤と呼ぶのでしょうか？ それは経済学的な利益とは，いま注目している選択肢以外で最善の選択をしたときと比べて，どのくらい利益が上回っているか（または下回っているか）という問いの答えを指す用語だからです。これはAとBの二つの選択肢があるとき，仮にAに注目するとしたら，Bを選んだときよりもどのくらい利益が多いか少ないかを考えるということです。これが上の例では超過利潤の大きさが，−753万円と＋753万円というように，表裏の関係になっていることの理由です。

ここでは選択肢が二つのケースを考えましたが，選択肢がいくつあったとしても，経済学的な利益がプラスになるのは，一つの選択肢だけだという点が重要です。AとBとCの三つの選択肢があるとき，それぞれの会計上の利益の大きさが$v_A > v_B > v_C$という関係にあるとしましょう。このときAを選ぶとき

のみ超過利潤が $v_A - v_B$ という正の値となり，BやCを選ぶときの超過利潤は負になります（それぞれ $v_B - v_A$ と $v_C - v_A$）。このように機会費用の考え方を用いて超過利潤の大きさを比較することで，どの選択肢が最も大きな利益をもたらすのかが容易にわかるのです。

なお，ここで見たように，**会計上の費用と経済学的な費用は通常は一致しません**。また会計上の利益と経済学上の利益も一致しません。混乱しやすい点でもありますので，ぜひ具体例を用いて確認してみてください。

5 人は限界的な部分を見て意思決定を行う

┃ 限界的とは？ ┃

自分の主観的な利益が最大になるような選択をするという意味で合理的な人は，**限界的な部分を見て意思決定をします**。この「限界的な」というのは，全体を見るのではなく，ある状態に注目して，「そこから少しだけ増やしたり減らしたりしたときにどうなるか」という意味です。

なぜそのような意思決定をするのでしょうか？ それは多くの場合において，**最善の選択が可能になる**からです。

ここで具体例として，友人と行った 2000 円で飲み放題の居酒屋で，伊藤さんが中ジョッキで3杯のビールを飲んだとしましょう。飲み放題なのでいくら飲んでも支払額は変わりません。それなのになぜ3杯しか飲まなかったのでしょうか？ また2杯や4杯ではなく，なぜ3杯飲んだのでしょうか？

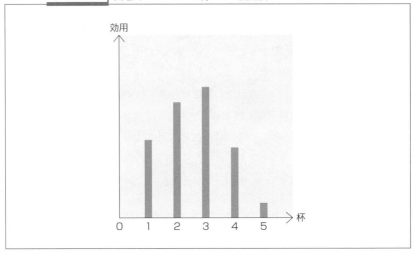

おそらく伊藤さんは2杯では足りないけれど4杯では酔いすぎるからなどと考えて、3杯で止めておいたのでしょう。つまり、その前後の選択である2杯や4杯飲むことよりも、3杯飲むという選択のほうが結果的な満足度（＝効用）が高かったのだと考えられます。

伊藤さんの感じる効用の高さを棒グラフで描いたらどのようになるでしょうか？　ビールを何杯飲んだかを横軸に、またそのジョッキを空にした時点でどのくらいの効用があるのかを縦軸に描くとすると、おそらく図2.4のような形になるはずです。

飲酒量と満足度の間に、このように量を増やすことで満足度が次第に増えていくが、頂点を越えると逆に減っていくような関係にある場合には、今よりも量を増やしても減らしても満足度が減る点、ここでは3杯目のところを選ぶのが最善の選択となります。

ここで注目していただきたいのは、限界的に考える場合には異なる選択肢の間の優劣を検討する際に必要な情報が少なくてすむという点です。全体の情報は必要なく、そこから増やしても減らしても損をするという点を見つければよいからです。

▶ デパートの営業時間

別の例を考えてみましょう。新宿にあるデパートの伊勢丹は、現在、午前

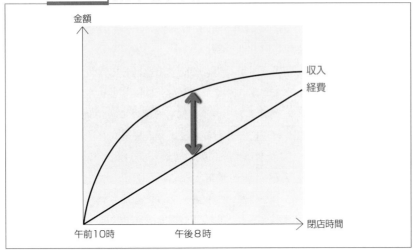

CHART 図2.5 何時に閉店するか

金額

収入
経費

午前10時   午後8時   閉店時間

10時に開店して午後8時に閉店します。なぜこのような開店・閉店時間になっているのでしょうか？ 以下では閉店時間に注目して考えてみることにしましょう。

まず営業時間を1時間延ばすと，おそらく売り上げも増えますが人件費や光熱費等の経費も増加してしまいます。したがって伊勢丹としては，午後8時までの営業で会社が黒字になっているかどうかではなく，閉店時間を午後8時にすることと例えばその前後の午後7時や午後9時にすることとを比較して，**最も利益が大きい閉店時間を選択できているか否かが問題となっているのです。**

図2.5では，午前10時に開店した店舗を何時に閉店するかを横軸に，そして金額を縦軸にとって，この関係を図解したものです。開店している時間が長くなれば1日の収入は増えるものの増え方は次第に減っていくこと，一方で開店している時間に比例するかたちで光熱費や人件費などの経費が増加することを想定すると，収入と経費の関係は図2.5のように描くことができます。

このとき最適な閉店時間とは，収入から経費を差し引いた差額である利益が最大になるところであると考えられます。

このように営業時間を設定するという問題を考える場合でも，限界的に考える，つまり少し増やしたり減らしたりしたときの影響を見た上で選択を行うことは有益なのです。図2.5を見ると，最適な状態である午後8時から閉店時間を早めても遅らせても利益が減ってしまいます。

ここで開店時間の長さと利益の関係を見ると，先ほどの飲み放題の店のビールの例（図2.4）のように，やはり山形のグラフになっていて，その頂点が最適な選択になっています。

　ちなみに伊勢丹は，開店時間から閉店時間まで連続して営業していますが，すべての業種がそのような営業スタイルをとるとは限りません。例えばレストラン等で，ランチタイムとディナータイムに店を開けて，15時から17時までは店を閉めておくなどということもあるでしょう。またコンビニエンスストアのセブン-イレブンなどは，昔は本当に朝7時から夜11時までの営業でしたが，現在ではほとんどの店舗が24時間営業としているようです。なぜこのような営業時間を選択しているのかについても考えてみてください。

CHECK POINT

□ 1　合理的な人は，選択可能な中で，最も得をする選択肢を選びます。そのためには限界的に考えることが有益です。

□ 2　限界的に考えるとは，ある状態に注目して，そこから少しだけ増やしたり減らしたりすることの影響を見るということです。

EXERCISE ●確認・練習問題

【確認問題】

2.1　あなたにとって大学で勉強することのインセンティブとは何でしょうか？金銭的なものだけでなく非金銭的なものも含めて考えてみましょう。

2.2　トレードオフには，一定の資源を今使うのか，それとも残しておいて後で使うのかというパターンもあります。具体的な例を考えてみてください。

2.3　ある高校生が，高卒で就職するか大学に進学するかという意思決定に直面しているとします。それでは大学に進学することの機会費用とは何でしょうか？見えない費用にも注意して考えてみましょう。

【練習問題】

2.4　インセンティブについて説明する際に歩合給の例を使いました。実は，トレードオフ・機会費用・限界的という他の三つのキーワードもこの例だけで説明できます。なぜなら「四つのキーワード」は，人々の意思決定を考える際に，常につきまとうものだからです。

図2.2を使って，四つのキーワードを説明してみましょう。

2.5　私が1枚の1000円札をあなたに見せて，「これを黙って受け取るかそれと
　　もいらないと拒否するかを選びなさい」といったとしましょう。このときあなた
　　が直面している選択肢は，受け取るか受け取らないかの二つになります。

　　　ここで受け取る場合の収入は1000円で機会費用はゼロなので超過利潤は1000
　　円となり，受け取らない場合の収入はゼロで機会費用は1000円なので超過利潤
　　は−1000円となります。このときは受け取ったほうがよいですね。

　　　それでは，私があなたに2枚の1000円札を見せて「私が右手に持っている
　　1000円札と左手に持っている1000円札のどちらかを差し上げます。どちらかを
　　選んでください」といったとしましょう。このケースについて以下の問いに答え
　　なさい。

　　(1)　右手の1000円札という選択肢を選ぶ場合について，収入と機会費用の大
　　　　きさを説明しなさい。

　　(2)　1000円札が1枚のケースと2枚のケースとでは，皆さんは結果として同
　　　　じく1000円を手に入れることができるのに，なぜ経済学的な費用や利益は
　　　　違う数字になるのでしょうか？　理由を説明しなさい。

Column❺　なぜミクロ経済学を学ぶのでしょうか？

　　ミクロ経済学の基本を学ぶことでどのようなメリットがあるのでしょうか？
経済学部の講義で単位を得られるようになるでしょうが，それだけがメリット
ではありません。経済学の考え方の基本がわかるようになること自体が大きな
成果であるといえるでしょう。

　　私たちが毎日の生活を送る上で，さまざまな選択や取引を行います。コンビ
ニでコーヒーを買うかお茶を買うかなどは選択であり，また取引でもあります。
このとき商品の価格がどのように決まるのかといった経済活動の基本がわから
ないと不安ではないでしょうか？

　　例えば，電車の乗車券には大人料金と子ども料金がありますが，これはなぜ
でしょうか？　体重が異なることが理由なのでしょうか？　食べ放題のお店で，
男性と女性の料金が異なることがありますが，これも食べる量の違いが原因な
のでしょうか？　このようなさまざまな経済現象の背景にはどのような理由が
あるのかを考えていきましょう。

　　また私たちは日々さまざまな規制にも直面します。自分の土地に家を建てる

場合であっても，建物の高さが規制されていたり，都心部では路上喫煙が禁止されていたりします。これらを「よくわからないけれどルールとして決まっているから，まあ仕方なく守る」というのではなく，理由がわかると納得できますね。

　ミクロ経済学を学ぶことの意義は，それにより日常の疑問に答えることができるようになることでもあるのです。

　そして経済学は非常に応用範囲が広い学問です。基本となるミクロ経済学の内容を前提として，さまざまな応用分野が存在しています。新たな物の見方を身に付けることで，世界が広がる経験ができるはずです！

Column ❻　ここに注意！ 教科書によって異なることがある専門用語の使い方

　第2章では，機会費用や超過利潤など，私たちが日常的に使う言葉ではない専門用語が登場しました。これらの言葉の意味はきちんと理解できたでしょうか？

　本屋さんや図書館に行くと，ミクロ経済学の教科書がたくさん並んでいます。そしてよく読んで比べてみると，専門用語の使い方が少しずつ異なることがあります。

　例えば，この教科書では見えない費用といっているものを指して機会費用と呼んでいることもありますし，またこの教科書で超過利潤といっているものを単に利潤としていることもあります。

　ミクロ経済学を学ぶ際に，複数の教科書を同時に読み進めることは，場合によってはとても勉強になります。一冊の教科書ではよくわからなかったところが，もう一冊ではとても上手に説明されていることなどもあるからです。

　しかし混乱と誤解を避けるためにも，専門用語がどのような意味で用いられているのかを確認しながら読み進めることが必要ですので，注意してください。

Column ❼　合理的という言葉の意味

　この教科書では，合理的という言葉の意味を「自分の満足度を最大にするような行動を選択すること」として説明しました。しかしコラム⑥でも述べたよ

うに，専門用語の使い方は教科書によって異なります。

　より上級の教科書の多くでは，好みが明確に定まっていること，また好みが整合的であることを指して合理的という用語を用いることが多いので，この点を説明しておきましょう。

　まずある消費者の好みが明確に定まっているというのは，例えばリンゴとミカンを提示されて「どちらが好きか？」と尋ねられたら，どちらか一方を挙げる（またはどちらも同じと答える）ことができるという意味です。これがすべての選択肢について定まっている必要があります。

　次に好みが整合的というのは，例えばある消費者がリンゴよりもミカンが好きであり，またミカンよりもバナナが好きだったとします。このときリンゴとバナナでは，この人はどちらが好きでしょうか？

　当然，バナナになると思いますよね。

　リンゴとミカンで，ミカンのほうが（同じか）より好きということを満足度の大小関係として，

リンゴ≦ミカン

と書くことにします。そしてリンゴ≦ミカンとミカン≦バナナの関係が成立しているときには，リンゴ≦バナナも成立していること，このことを指して**好みが整合的**といいます。

　このような意味で人々の好みが合理的であるという状況に限定して，人々の選択について考えるととても問題が簡単になります。どちらの選択肢が好きかわからないということはありませんし，じゃんけんのように，グーがチョキに勝ち，チョキがパーに勝ち，パーがグーに勝つといった三角関係になっていないので，リンゴ≦ミカンという関係を見たら，安心してリンゴを選択肢から除外することができるからです。

　とはいっても，この説明だけでわかったら苦労しません。詳しくはより上級の教科書で勉強することにして，ここではコラム⑥で見たように，専門用語の使い方は教科書によって違うので，勉強を進める際には注意しましょうという話の具体例が一つ示されたと思っておけば十分です。

Column⑧　交通事故を減らすためには

　第2節のインセンティブを考えた制度設計において，飲酒運転への罰則強化

が死亡事故を減らしたという話をしました。しかし交通事故による死傷者を減らすという目的を達成するためには，現実にはさまざまな施策が組み合わせとして実施されて成果を上げてきたことに注意する必要があります。

　例えば，自動車のドライバーが安全運転を心がけて交通違反や事故を起こさなければ，免許証の更新期間が長くなり（ゴールド免許），免許更新の手間が削減されるということもインセンティブとして機能していると思われます。

　それでは他にどのようなことが安全運転のインセンティブになるでしょうか？　事故の有無に応じて保険料率が変化する自動車保険の存在も，安全運転の動機となるかもしれません。

　ただし交通事故による死傷者を減らすための取り組みは，より複合的なものであることを理解しておくとよいでしょう。

　例えば，技術的な解決策も多く活用されています。そもそも自動車が一定以上のスピードを出せないようにスピードリミッターが設定されていることもありますし，道路にガードレールが設置されていれば自動車が運転を誤ったとしても歩行者にぶつかる危険を削減できます。

　また交差点にキラキラする塗装をして，自動車のドライバーが自然と減速するように促すこと，そして道路にバンプ（Bump）またはハンプ（Hump）と呼ばれる小山を設置して，それを乗り越える際には減速しなければ自動車が傷つくようにすることなども活用されています。

　他にも安全運転に関する宣伝広告などを通じて，乱暴な運転をすることは格好悪いといった認識を多くの人で共有できれば，危険運転が減ることも考えられるでしょう。このように道徳や規範に訴えかけることも有効だと考えられます。

第 2 部

理想的な取引環境

PART

第 **3** 章

需要曲線と供給曲線

買い手と売り手の行動を考える！

価格理論

ゲーム理論

© 2021 Ryoko Takahashi

INTRODUCTION

　この章では，まず理想的な取引環境とはどのようなものかについて説明します。これは財産権の保護や契約の履行が完全に保障されている世界において，注目している財・サービスの取引が非常に円滑に行われている状況です。このような状況が成立するための前提条件の一つとして，完全競争市場があります。

　次に需要曲線と供給曲線について学びましょう。これらは特定の財・サービスに注目したときに，消費者は価格がいくらなら何個買いたいか，また生産者は価格がいくらなら何個作りたいかという関係を図で表現するものです。

1 理想的な取引環境とは？

理想的な取引環境から考える

第3章と第4章では，いくつかの条件が満たされている理想的な取引環境においては，財・サービスが市場において売り手と買い手の間で自由に取引されることによって，**交換の利益が最大限に実現される**ということを順を追って説明します。

これは現実の世界でそのような理想的な条件が満たされているとか，私たちの社会において実際に自由な取引が行われるべきだということを主張しているのではありません。あくまで議論の出発点として，わかりやすい極端な状況から考察を始めているという点に注意してください。

例えば高校で学ぶ物理学では，物体の落下を考える際に，とりあえずは空気抵抗を無視して説明を始めます。これも空気抵抗がこの世の中に存在しないといっているわけではありません。空気抵抗がない理想的な環境下で何が起こるのかを先に検討して，それから空気抵抗があったらどうなるかを考える，このように段階を踏んで徐々に現実に近づけていくというアプローチが採用されているのです。それにより，何が本質的で重要なのかを理解しやすくなるからです。

さて，この取引に関する理想的な状況とは，**財産権の保護や契約の履行が完全に保障されている世界**において，注目している財・サービスが非常に円滑に取引されている状況です。それでは，実際にどのような条件が満たされていれば理想的といえるのでしょうか？

理想的な取引環境の前提条件

理想的な取引環境とは，次のような条件を満たしている状況のことです。まず，特定の財・サービス（例えば青森産の通常サイズのリンゴ）に注目したときに，

1. その財・サービスを取引する市場が存在している。
2. また，その財・サービスの品質（自分にとっての価値や生産にかかる費用に

ついての情報）を売り手と買い手の双方がそれなりによく知っている。

3. そして，売り手と買い手が多数存在するために，取引が**相場の価格**で行われている。

4. 加えて，取引の相手を探す，取引条件を交渉する，商品を目的地まで運ぶといった，取引に付随する手続きは，無視できるくらいの**低コスト**で円滑に行われている。

5. 最後に，その財・サービスの取引が，取引参加者以外の**第三者**に対して**直接的に良い影響や悪い影響を与えることがない**

とき，この財・サービスの市場が理想的な取引環境にあるといえます。

なぜでしょうか。まず取引する場がなければ取引できません。市場が存在することは必要です。また品質などがわからなければ，質の悪いものをつかまされたくないと考える買い手側は取引に慎重になります。何度も確認してからでなければ取引しませんし，取引自体をやめてしまうことも考えられます。これに対して品質がわかっていれば納得の上で取引できます。次に相場の価格が決まっていない場合は，取引に際して価格交渉をする余地があります。これも時間がかかってしまう要素です。しかし相場の価格が決まっていれば，その価格で取引するかどうかを決めればよいだけです。次に取引に付随するコストがあれば，やはり取引自体を減らしてしまうことにつながります。それが十分に低ければ阻害要因にはなりません。最後に，注目している取引に関連して，その生産や消費によって他者に対して良い影響や悪い影響があったとすると，「もっとやってほしい！」とか「ちょっと減らしてくれ！」という横槍が入るかもしれません。しかし，そのような影響がなければ，邪魔はないでしょう。ここで挙げたように，取引の阻害要因がまったくない状況のことを理想的といっているのです。

さて，理想的な取引環境を考える際には，いま注目している財・サービス（ここではリンゴ）だけに注目して，それ以外の市場（例えば，ミカンや野菜や不動産の市場）に与える影響は存在しないものとして，考えないことにします（このようなアプローチを部分均衡分析といいます）。また人々の好みや生産技術なども変化せず一定だとします。あくまでリンゴに注目するときには，リンゴの生産者と消費者の行動だけを考えるのです。

なお理想的な状況下では，政府による個別取引への介入が不要だということ

を後で説明しますが，これは政府が不要だといっているのではないことに注意してください。くどいようですが，理想的な取引環境とは，所有権や契約の履行が法律で守られていて，合意の上で交換が行われることが前提であり，その意味でも政府の役割は重要です。また，いま注目している財・サービスについては，取引に対する介入が不要であっても，それとは別の財・サービスについては，介入が必要かもしれません。

2 財・サービスと市場

┃特定の財・サービスとは？┃

前節で理想的な取引環境の説明をした際に，「特定の財・サービスに注目したときに」という表現を使いました。このように特定の財・サービスの取引について考えるためには，何と何が同じ財や同じサービスなのかについての判断基準を明確にしておく必要があります。

まず特定の財・サービスといったときに，扱われる商品などが完全に同一である必要はありません。例えば，スーパーで売られているリンゴは，ひとつひとつの形は微妙に違いますが，品種・大きさ・糖度・産地・収穫時期等がほぼ同じであれば同じ財だと考えてよいでしょう。これを少し難しくいうと，製品差別化がない状況です。

大事なのは消費者が，ほとんど同じだからどれでもよいと考える程度の違いしかないという点です。例えばイラスト①の二つのリンゴは同じ財だといえるのでしょうか？

少しくらい色や形が違っていても，産地や品種が同じで，大きさがほぼ同じならばどちらでもよいですね。別の言い方をすれば，どちらかが1円でも安け

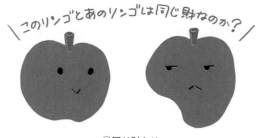

①同じ財とは

れば，その安いほうを買うような場合には，同じ財だといえます。

　次にサービスの取引についても考えてみましょう。例えば異なる理容師や美容師から受けるシャンプーやカットなどのサービスは同一のものだといえるのでしょうか？

　多くの場合はそうではないでしょう。東京の表参道に店を構える有名美容師のＡさんに髪を切ってもらうことと，同じ表参道であっても，名も知らぬ店の新人の美容師に髪を切ってもらうことでは，お客さんにとって「ほとんど同じだから誰でもよい」とは思えないはずです。また同じ有名美容師同士であっても，やはりお客さんによって担当してほしい人は異なるでしょう。

　これに対して，10 分 1000 円程度で髪を短くしてくれるチェーン店の理髪店などを考えると，どの店で誰に担当してもらってもあまり変わらないとお客さんは感じるかもしれません。

　このようにサービスの場合には，少し乱暴かもしれませんが，**店を選ぶかどうか，また指名等により担当者を選ぶかどうかによって，同じサービスといえるか否かが決まる**と考えることができます。

　つまり，有名美容師はそれぞれ異なるサービスを提供していますが，1000 円で整髪してくれる業者のサービスは互いにほぼ同質だといえるわけです。

▶ 市場とは？

　次に，「市場（しじょう）」とは何かを確認しておきましょう。市場と聞いて真っ先に想像するのは，魚と青果を扱う東京都の豊洲市場のように，市場（いちば）といえる場所が物理的に存在していて，皆が一カ所に集まって取引して

②一カ所に集まって取引する市場（いちば）

いる状況でしょう（イラスト②）。

　しかし経済学で考える市場（しじょう）とは，このようなものに限りません。一カ所には集まらずに分散した取引が行われている場合でも，一つの市場と考えることができる場合が多いのです。それでは，この「分散した取引」とは，どのような意味でしょうか？

　例えばある地域にスーパーや青果店が多数あったとしましょう。このとき客寄せのための特売品などを除けば，おそらくリンゴでもキャベツでも，どの店でもだいたい同じ価格になっているはずです。

　このように一カ所に集まって取引をするのではなくても，同じ相場の価格で売買をしている状態であるなら，その全体が一つの市場であると考えることができます。

　ここでは「相場の価格で売買をしている状態」といいましたが，言い換えると，これは売り手も買い手も相場の価格よりも高く売ったり安く買ったりすることができない状態です。この点については第1章の第5節で，コンビニのアルバイトの例を用いて説明しました。覚えているでしょうか？

　このように売り手も買い手も多数いることから取引が相場の価格で行われている状況のことを，経済学では完全競争市場といいます。完全競争市場では，売り手も買い手も，「まとめ買いをするから安くしてほしい」といった価格交

渉をすることはできません。そのために取引する価格はすでに決まっているものとして，どのくらい売るのか，また買うのかを決定することになります（このことを指して，価格受容者＝プライステイカーといいます）。また，完全競争の条件には実質的に品質に差がないことが含まれていますし生産者の参入や退出が自由という条件を課す場合もあります。コラム⑥でも説明したように，教科書によって定義に違いがあることも多いので，注意しましょう。なお，ここで説明したように，理想的な取引環境の3番目の条件がおおよそ完全競争市場に対応しています。これからは理想的な取引環境全体に関心があるのか，それとも完全競争市場の条件に関心があるのかによって，これらの用語を使い分けるので注意してください。

　それでは次節以降では，市場で相場の価格がどのように決まるのかを説明するための準備として，需要曲線と供給曲線がどのように導かれるのかについて学びましょう。

CHECK POINT

- □ 1 複数の財・サービスが同質であるとは，消費者が「ほとんど同じだからどれでもよい」と考える程度の違いしかないことを意味しています。
- □ 2 市場とは，売り手と買い手が一カ所に集まって取引をする場所のことだけを指すわけではありません。経済学では，分散して取引が行われている場合でも，一つの市場として考えることがあります。
- □ 3 売り手と買い手が多数存在していることから取引が相場の価格で行われている状態のことを完全競争市場といいます。

3 需要曲線

価格と需要量の関係を見る

　以下では，特定の財・サービスの取引が理想的な取引環境の条件を満たしているときの個人の好みについて考えることにします。具体的には，その財・サービスの価格がいくらのときに，その人が何個欲しいと考えるのか（これを需要量といいます）を，縦軸に1個あたりの価格を，そして横軸に数量をとったグラフとして描くことから始めます。この価格と需要量の関係を描いたグラフ

のことを，需要曲線といいます。

　ところでなぜ「価格がいくらのときに，その人が何個欲しいと考えるのか」を考えるのでしょうか？ ここでは理想的な取引環境で取引される財・サービスを想定しているので，前節でも見たように，売り手も買い手も取引価格を決める力を持っていません。したがって消費者は，市場で決まっている価格を前提として，どのくらい買うのかを決めることしかできないのです。

　さて通常は，ある財の価格が高くなると，消費者はそれを購入しようとする量を減らします。また価格が高すぎるときには，その財を買うことを完全にあきらめてしまうでしょう。これに対して，安くなるとたくさん買ってもよいと考えるはずです。

　例えばガソリンの価格が高くなれば，通勤に使う分は減らせなくてもレジャーのために車を使うことは控えるなどして，消費者がガソリンを消費する量を減らすことが予想されます。また美容院で支払うカットやパーマの料金が下がれば，より頻繁に通うようになるといった変化が考えられます。このように個人がどのような選択をするのかについて考えると，価格と需要量の関係を表すグラフは，通常は右下がりの関係になります。

　それでは右下がりになる個人の需要曲線を実際に描いてみましょう。その際には，まずどのような財・サービスを考察の対象とするのかに合わせて，どのくらいの期間を検討の対象とするのかを決めなくてはなりません。なぜなら自動車を買うケースとペットボトルのお茶を買うケースとでは，時間のスケールが変わってくるからです。

　以下では大学生の山口さんが資格試験の勉強をしているケースを考えます。家の近所にある行きつけの喫茶店では，店の経営者でもあるマスターが「うちはどうせ客が少ないし，長時間勉強していても大丈夫ですよ！」といってくれているため，彼女はここで勉強することにしました。

　さて，山口さんは1日に何杯のコーヒーを飲むでしょうか？ 両親からの仕送りと家庭教師のアルバイトで生活している彼女は，喫茶店で勉強する際のお金の使い方について，次のようなルールを心の中で決めています。

　山口さんのルール
　　まずコーヒー1杯が300円よりも高ければ，そもそも喫茶店には行きませ

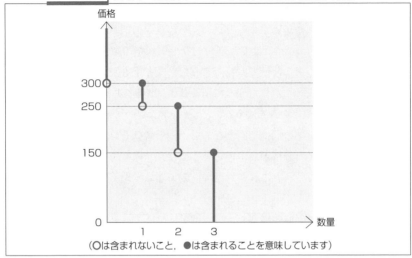

CHART 図3.1 喫茶店のコーヒーに対する価格と需要量の関係

（○は含まれないこと，●は含まれることを意味しています）

ん。そして250円より高く300円以下なら1杯だけ注文します。また150円よりも高く250円以下なら2杯，150円以下ならば3杯注文します。

　山口さんのルールに従うと，コーヒーの価格と需要量の関係は，図3.1のように描くことができます。この図の縦軸は1杯あたりの価格を，また横軸は1日に何杯注文するのかを表しています。

　この図では，300円よりも高い価格の場合（例えば301円のとき）には，対応する数量はゼロですが，300円になると山口さんは急に1杯のコーヒーを注文するようになるため，そこでグラフがジャンプしています（白丸はこの点が含まれていないこと，青い丸は含まれていることを意味しています）。この関係を不等式で書くなら，価格 p が $p>300$ ならば需要量はゼロであり，$300≧p>250$ なら需要量は1であるということですね。

　このような個人の需要曲線を描く際には，例えば価格を極端に高い水準から徐々に下げていったときに需要量がどのように変化するのかを順に考えてグラフ化していけばよいのです。

需要曲線を連続的に描く

　需要曲線について考えるとき，いくつか注意点があります。まずは，価格が

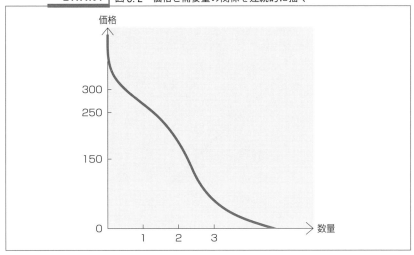

いくらのときにどのくらいの数を欲しいかといった関係を描く際には，**グラフ が連続ではないほうが現実的**だということです。なぜなら金額は普通は1円単位ですし，注文をする単位も1個ずつであることが多いからです。

図3.1では，縦軸は価格を表していました。そして，価格は通常は1円刻みですから，細かいことをいえば，この図は正確ではありません。しかし300円なら1杯，299円でも1杯，298円でも1杯といったように，この図に細かい点を数多く打つのは面倒ですし見にくいですよね。そこで価格は連続的に変化するということにして，この図は描かれていることに注意してください。

さて図3.1のような需要曲線の描き方は，確かに現実的です。しかし図が複雑になることや細かい場合分けを考えるのが面倒ですので，経済学の多くの教科書では**価格も数量も連続的に選択できる**ものとして話を進めていきます。

価格も数量も連続的に選べるとなると，山口さんの選択は**図3.2のように連続的に描く**ことができるようになります。ただし，価格と数量が連続的に選べるときには必ず需要曲線が連続になるというわけではありません。その場合でも，消費者の好みによってはグラフがジャンプする可能性はあります。

需要曲線を直線的に描く

需要曲線は，生きている人間の好みを表すものですから，実際には図3.2のようにくねくねと複雑な形をしているはずです。しかし見やすさと作図のしや

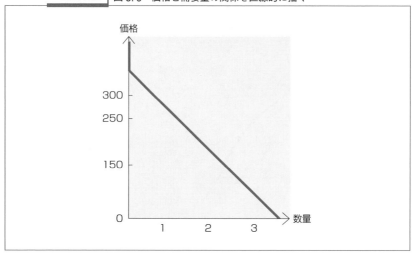

すさを考えて，誤解される恐れがないと考えられるときには，今後は図 3.3 のように直線的に描くことにします。ただし，今後も需要曲線という名前は使い続けます。

　需要曲線の性質として重要なのは，価格が下がれば需要量が増えるという右下がりの関係がわかることです。この大事な性質さえ満たしている限りでは階段状に描いても直線で描いても，話の結論は大きくは変わりません。ただし，**このような直線的な需要曲線はあくまでも単純化されたものであり，現実の需要曲線が直線であるといっているわけではないことには注意してください。**

需要曲線の縦軸と横軸に注意

　需要曲線について，さらに注意すべき点を確認しておきましょう。まず高校までの数学では，例えば $y=x+1$ といった数式をグラフに描くときには，図 3.4 の左側にあるように，横軸に x を，また縦軸に y を取りました。そして横軸の値（例えば $x=2$）に対応する縦軸の値の大きさ（$y=3$）をグラフから読み取っていたわけです。

　しかし経済学で価格と数量の関係を見る際には，歴史的な経緯によって，**縦軸に価格をとること，そして横軸に数量をとること**になっています。したがって需要曲線を用いて価格が決まったときの需要量をグラフから読み取る場合には，図 3.4 の右側にあるように，縦軸の価格に対応する横軸の数量を見るという，

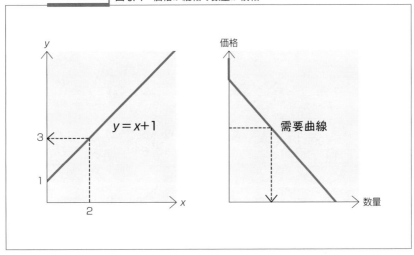

普通とは逆のことをしなければなりません。

　ところで経済学では、財・サービスの価格と需要量の関係を指す言葉として、需要曲線といったり需要関数といったりします。需要曲線とは、価格と需要量の関係をグラフとして描く際には曲線や直線で描くことからこのように呼ばれているのですが、需要関数とは、価格を決めたら需要量が一つに決まるという関係を関数として表現できるためにこのように呼ばれています。

　例えば、価格が p で需要量は q と書くとすると、(価格 p が 0 以上 500 以下の領域では) $q = 1000 - 2p$ という関係があるとき、この式を需要関数といいます。これは価格 p が 1 円高くなることにより、需要量 q が 2 単位だけ減少するという関係があることを意味しています。

　大事なのは、何が何の関数なのか、言い換えればどちらがどちらを決めるのかという関係を理解することです。需要曲線を考えるときには、価格がいくらのときに、この消費者にとっての需要量はどの程度かを見ているということを忘れないでください。

価格の変化と支出の変化

　需要曲線が右下がりであるとき、注目している財・サービスの価格が下がったら需要量が増えるということはすでに説明しました。それでは注目している財・サービスの価格が変化したときに、その財・サービスへの支出金額はどの

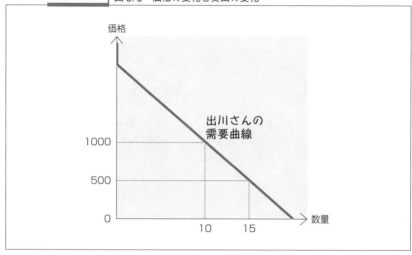

CHART 図3.5 価格の変化と支出の変化

価格

出川さんの
需要曲線

1000

500

0

10   15

数量

ように変化するのでしょうか?

　図3.5では，サラリーマンとして働く出川さんの会社の社員食堂で提供されている日替わりランチについて，出川さんの需要曲線が描かれています。この図の縦軸はランチメニューの価格を，また横軸は1カ月のうちに何回利用するかという需要量を表しています（社員食堂で食べない日は，出川さんは家からお弁当を持って行きます）。

　この図からわかるのは，社員食堂の日替わりランチの価格が1000円だったとすると，出川さんは1カ月に10回だけ社員食堂で食べますが，これが半額の500円になったとすると，15回になるということです。

　ここで支出金額を計算してみましょう。まず日替わりランチが1000円のときには，1カ月に1万円支出することになります（1000×10＝10000）。そして半額の500円になったときには，出川さんは15回利用するので，1カ月あたり7500円だけ支出することになります（500×15＝7500）。

　この例からわかるのは，**支出額が一定とは限らない**ということです。**価格が半分になっても社員食堂を利用する回数が2倍になるとは限らない**からです。それでは価格が半分になったときに使われなくなった残りの2500円はどうするのでしょうか？　この2500円は，出川さんが他の財・サービスを買うために使うことになります。

　反対に価格が500円から1000円に上がった場合についても考えてみましょ

う。このときは支出が7500円から2500円増えて1万円になります。このケースでは，他の財・サービスへの支出を減らして，社員食堂のランチへの支出を増やしているということになります。

　なお，ここでは，注目している財・サービスの**価格が下がったときに，支出金額が減るケースを考えました**が，もちろん支出金額が増えることもあります。例えば，ランチの価格が1500円だと，出川さんは月に2回しか社員食堂を利用しないとすると，1カ月の支出は3000円になります。ここで価格が1500円から1000円に下がり回数が10回に増えると，支出は3000円から1万円に増加することになります。

個人の需要量を足し合わせる

　さて，それでは個人の需要曲線を合体させて，市場全体の需要曲線を描いてみましょう。ここで，注目している財・サービスの市場とは，どの範囲までが同じ市場だといえるのかが問題となります。

　財・サービスの種類によって，市場の範囲は変わります。例えばキャベツや白菜のような野菜の場合は，近所の八百屋やスーパーで購入することが多いでしょう。このとき自転車で移動できる範囲くらいが同じ市場となります。これに対して中古車を購入することを考えると，場合によっては，北海道に住んでいる人が九州の中古車販売店から買うことがあるかもしれません。大事なのは，注目している財・サービスの市場に誰が参加しているかを理解することです。

　さて，ここでは理想的な取引環境を考えていて，売り手も買い手も多数存在している状況なのですが，あまりに人数が多すぎると図解するのが大変です。そこで以下では消費者としてAさんとBさんの二人がいて，その需要量の合計を考えます。もちろん人数がもっと多くても，これと同様に考えることができます。

　図3.6を見てください。ここで注目している財は，ペットボトルのお茶です。そして図の縦軸は1本あたりの価格，横軸は1カ月の需要量だとします。

　ここで大事なのは，市場全体の需要量を知るためには，**個人の需要量を足し合わせる**必要があるという点です。お茶の価格を例えば100円としたときに，この図ではAさんの需要量である20本とBさんの需要量である30本を合計した50本が市場全体の需要量になります。つまり**市場全体の需要曲線を描く際**

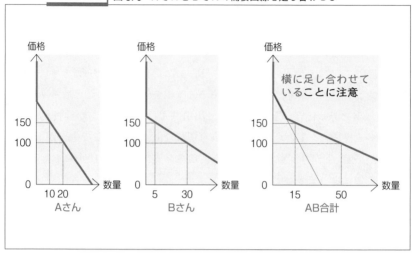

には，個人の需要曲線を横に足し合わせることになるのです。

　なお，ここではAさんとBさんという2人の消費者のことしか考えませんでしたが，市場全体のことを考える際には，実際にはより多くの消費者の需要曲線を横に足し合わせることになります。すると，仮に個人の需要曲線が図3.1のように階段状であったとしても，市場全体の需要曲線を考えるときにはグラフを連続的なものとして考えてもそれほど問題がないことになります。なぜなら個々人の需要量が市場全体に占める割合は非常に小さなものとなるからです。このこともミクロ経済学において需要曲線が連続的なものとして扱われていることの理由の一つです。

賃金の上昇と需要曲線の変化

　市場全体の需要曲線とは，価格がいくらのときに消費者たちが何個欲しいと思うのかという価格と数量の関係を表すものです。それでは，価格が変わったときに消費者たちの需要量がどのように変化するのかではなく，**価格以外の要素が変わったら何が起こるのか**についても考えてみましょう。

　例えば，好景気になって，**多くの消費者の賃金が上がった**とします。このとき喫茶店のコーヒーの需要曲線はどのように変化するでしょうか？

　このような変化について考えるためには，個人の需要曲線に戻って検討する必要があります。まず多くの人は，賃金が上がると自由に使えるお金が増えま

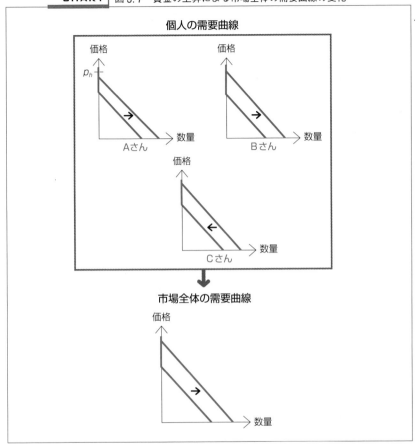

す。するとこれまでは我慢していた買い物を我慢せずにすみます。その結果として，例えばこれまでは1週間で1回だけと決めていた喫茶店での休息を，平日は毎日とるようになるかもしれません。このとき，どのような価格に対しても対応する需要量は同じか増加することになり，**個人の需要曲線のグラフが右方向に移動すること**が考えられます。

　ここで注意すべき点が2点あります。まず需要量が増加するとは言い切らずに「同じか」という言葉をわざわざ入れているのはなぜかという点です。それはコーヒーの価格が非常に高い場合には，これまでも1杯も飲まないし，賃金が上がってもやはり飲まないままという領域もあるため（例えば図3.7のAさんは，価格が p_h のとき賃金が少し増えたとしてもコーヒーを飲みません），正確を期

すためにこのように書きました。「なんだか細かいことを気にするんだなあ」と思われるかもしれませんが、細部についてもきちんと考えておくことは重要です。

　もう一点は、賃金が上がったら確実にコーヒーの需要量が増えるとは言い切れないということです。人によっては賃金が上がったら、これまでなら高すぎて飲めなかった高級な紅茶を家で飲むようになり、喫茶店でコーヒーを注文する回数を減らすかもしれません。これは図の C さんのケースです。

　このように賃金が上がったときにコーヒーの需要量を増やす人も減らす人もいるため、合計したときに需要量が増えることも減ることもあるでしょう。これも細かいことのようですが、全員にとって常に成り立つことと、多くの人にとって成り立つこととの違いには注意する必要があります。

　ここで見たように、所得が増えたときに需要量が増える財・サービスのことを上級財といい、需要量が減る財のことを下級財といいます。つまり図 3.7 では、コーヒーは A さんと B さんにとっては上級財であるが C さんにとっては下級財ということになります。

┃好みの変化と補完財・代替財の価格変化┃

　ここまでは賃金が変化した場合に市場全体の需要曲線がどのように変化するのかを考えましたが、これと同様に、**人々の好みが変わったときや補完財や代替財の価格が変わったとき**にも、注目している財・サービスの需要量が変化し、需要曲線の形が変わります。

　まずは好みの変化から考えることにしましょう。子どものころには、コーヒーは苦くて好きではなかった人が、大人になってコーヒーを飲めるようになるといったように、人の好みが変わることはよくあります。そして他の人の需要曲線は変わらずに、一部の人が飲めなかったコーヒーを飲めるようになったとします。このとき市場全体の需要曲線はどのように変化するでしょうか？

　まずコーヒーを飲めるようになった人の需要曲線が右に移動します。そして市場全体の需要曲線とは個人の需要曲線を合体させたものなので、当然これも右に移動することになります。

　それでは特定の財・サービスが好きな人が増えたのとは反対のケース、例えば特定の食品が実は健康にあまりよくないということが研究結果として発表さ

れたケースについても考えてみましょう。このとき人々は，この食品の消費量を減らそうとするはずです。つまり，このような出来事は，需要曲線を左に移動させることになります。

　次に補完財の価格が上昇した場合の影響を考えましょう。補完財とはビールと枝豆，またコーヒーと砂糖のように，多くの消費者にとって同時に消費することで満足度が上昇するような財・サービスの組み合わせのことです（つまり，特定の財・サービスの組み合わせが，人によって補完財であったりそうでなかったりするのです）。

　ここで例えば砂糖の価格が非常に高くなったとすると，これまでと同じ支出金額で購入できる量が減り，結果として砂糖の購入量が減り，砂糖がないとコーヒーは苦くて飲めないのでコーヒーを飲む量も減少することが予想されます。このような影響により，コーヒーの補完財である砂糖の値段が上昇すると，コーヒーの需要量を減らすことになり，需要曲線が左側に移動します。

　これに対して代替財とは，コーヒーと紅茶のように消費者にとって競合関係にある商品の組み合わせのことです。紅茶が値上がりすると，消費者が紅茶を飲む量を減らして，その代わりにコーヒーの消費量を増やすのであれば，これら二つはこの消費者にとって代替財だということができます。そして代替財の価格が上昇すると，注目している財・サービスの需要量は増えるため，需要曲線は右に移動します。

---

4. 供給曲線

個々の生産者の供給曲線

　これまでは消費者の需要曲線，つまり買い手のことを考えてきましたが，以下では売り手である生産者側の行動を考えることにします。まず特定の財・サービスを個々の生産者がどれだけ提供しようとするのかを，価格と供給量の関係としてグラフで表現することから始めましょう。このような価格と供給量の関係を表すグラフを供給曲線といいます。このように，個人の問題から先に考えるというのは需要曲線のときと同じアプローチですね。

　ここではできるだけ単純な状況を考えたいので，**生産者が一人で仕事をする**ことで，**原材料から最終的な製品を作っている**ケースを想定して話を進めます。以下では，具体例として，革靴を1足ずつ手作りで製作している職人さんの選択について考えることにしましょう。

　大塚さんは，大手の工房から独立したばかりの靴職人で，一人で革靴を作っています（イラスト③）。そして製作には1足あたり4時間かかるとしましょう。また計算を簡単にするために，原材料費はとりあえずはゼロとしておきます。そして大塚さんが靴作りではなく別の仕事をしたとすると，1日8時間で年間200日働いて，年収320万円が得られるとします。

　ここで仮に靴1足あたりの市場価格が5000円だったとしたら，大塚さんは1年間に靴を何足作るでしょうか？　考えてみましょう。

　まず1日8時間働いて2足の靴を作ると，1足あたりの収入が5000円ですから，1日あたり1万円の収入になります。そして年間200日働くとすると年収は200万円です。このとき大塚さんは別の仕事をすれば同じだけの労働時間で320万円の年収を得ることができるので，靴を1足も作らずに別の仕事をすることを選ぶでしょう。

　それでは大塚さんが靴作りを始めるのは，1足あたりの市場価格がどの水準まで増えた場合でしょうか？

　この人が靴作りを始めるのは，1足あたりの価格が8000円を超えるところからです。なぜなら1足が8000円のときに，1日8時間，年間200日働いた

③革靴を作る

ときの年収がちょうど 320 万円になるからです。さらに価格が上昇して，例えば 1 足が 1 万円になれば，彼の年収は 400 万円になります。

　大塚さんの例で見たように，財・サービスの価格が上昇すると，別の仕事をしていた人が財・サービスの生産者として新たにこの業界に参入するようになり，供給量が増加します。つまり市場全体を考えたときに，**価格と供給量には右上がりの関係があります**。

　さて，1 足あたりの価格が上昇することの影響として，新たな参入者が現れるだけでなく，すでに靴作りをしている生産者の行動も変化するという点について考えてみましょう。職人さんたちは，おそらく今が稼ぎ時だと考えて，家族と過ごす時間などを削ってでも**年間の労働時間を増やそうとする**と思われます。

　例えば 1 足あたりの収入が 1 万円以上になると，大塚さんは 1 日の労働時間を 8 時間から 12 時間に増やして，1 日あたり 2 足ではなく 3 足作るようになったとします（これは 1 日あたり 8 時間までの労働と比べて，それ以降の残業時間のほうが機会費用が大きいということを意味しています）。このとき年間の生産量は 600 足になります。このように考えると，靴 1 足の価格と生産量の関係を表す大塚さんの供給曲線は，図 3.8 のようになります。

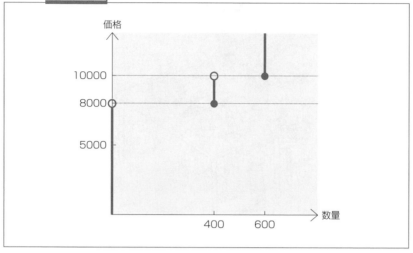

市場全体の供給曲線

それでは需要曲線を説明したときと同じように，価格と数量を連続的に選べるものとして，個人の供給曲線について考えてみましょう。このとき大塚さんの供給曲線は，図3.9の一番左のように描くことができます。

次に，市場全体の供給曲線についても考えてみます。今回も，話を簡単にするために，靴の生産者は大塚さんと宮城さんの二人しかいないと考えることにします。

市場全体の供給曲線とは，まず価格が決められたときに個々の生産者がどのくらいの供給量を選ぶかを考えた上で，それを**横に足し合わせたもの**です。これは需要曲線のときと同じ理屈ですね。図3.9では，1足あたり1万円のときに大塚さんが600足，また宮城さんが500足を1年間に生産するとしたら，合計生産量が1100足になるということを表しています。

供給曲線の変化

ここで見たように，価格と供給量には右上がりの関係があることが一般的です。そしてこの市場全体の供給曲線の形状は，**原材料価格や生産技術などの影響によって変化します**。

例えば，これまでは単純化のためにゼロ円だとしていた原材料費が高くなっ

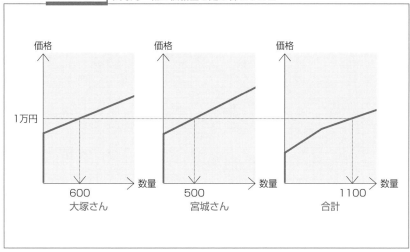

た場合を考えてみましょう。このとき，1足あたりの市場価格が同じままであるなら，靴作りをする場合の儲けが減るため，靴作りをやめて別の仕事を選択する人が出てくるはずです。またこれまでどおり靴作りを続ける人であっても，生産量を減らして他のことに時間を使うようになることが考えられます（1足あたりの価格が8000円から1万円に増えた場合とは逆のことが起こっています）。したがって生産量の合計は減ることになり，市場全体の供給曲線は左に移動します。

　次に，生産技術が進歩して，4時間で1足ではなく，2時間で1足作れるようになったとしたら，個々の生産者の行動はどのように変化するのかを考えてみましょう。このような技術革新が起こると，1足あたりの価格が同じでも，より多くの靴を作るようになるでしょう。つまり図3.10のように，市場全体の供給曲線は右側に移動することが予想されます。

　ここまで，需要曲線と供給曲線について説明しました。次の第4章では，需要と供給の両面を見ることで，**市場においてどのように相場の価格が形成される**のかを考えることにしましょう。

CHECK POINT

□ 1 個々の生産者の供給曲線とは，価格と生産量の関係を表す通常は右上がりのグラフであり，その生産者の行動を表現しています。
□ 2 市場全体の供給曲線とは，個々の生産者の供給量を横に足し合わせることで描かれます。

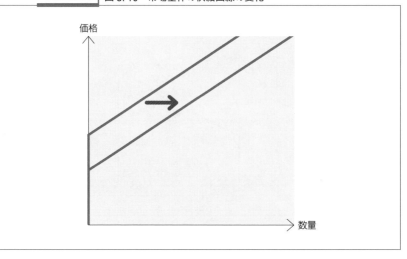

CHART 図3.10　市場全体の供給曲線の変化

□**3** 原材料の価格や生産技術など，注目している財・サービスの価格以外の要因が
変化したとき，市場全体の供給曲線の形状が変化します。

EXERCISE ●確認・練習問題

【確認問題】

3.1　理想的な取引環境の5条件を自分の言葉で説明してみましょう。

3.2　縦軸を価格，横軸を数量とするグラフにおいて，特定の財・サービスに対
する需要曲線を考えるとき，通常は右下がりの曲線として描かれています。なぜ
右下がりなのでしょうか？ 理由を説明してみましょう。

3.3　需要曲線の形状が変化するのはどのようなときでしょうか？ また供給曲線
が変化するのはどのようなときでしょうか？ 身の回りの出来事やニュースで見
た社会現象を参考に，具体例を用いて説明してみましょう。

【応用問題】

3.4

(1)　自動車の燃料であるガソリンは，どのガソリンスタンドで購入しても品質に差
がないとします。このときガソリンスタンドが密集している地域では，理想的な
取引環境の条件が満たされていると考えられます。理想的な取引環境下では，売

り手も買い手も価格受容者（＝プライステイカー）となるはずですが，ガソリンスタンドの経営者に話を聞けば「私は自社の利潤を最大にするように自分で価格を決めている」というでしょう。なぜこのような違いが生まれるのか考えてみましょう。

(2) 需要曲線が右上がりになるような財・サービスは存在するでしょうか？ 言い換えると，ある財の価格が上昇したときに，自分がその財をより多く消費するようになる財・サービスとはどのようなものでしょうか？ 考えてみましょう。

(3) タクシーのサービスは上級財でしょうか，それとも下級財でしょうか？ 誰にとってどのようなときに上級財であり，どのようなときに下級財となるのかを説明しなさい。

3.5 500ミリリットル入りのペットボトルで売られているミネラルウォーターについて，市場全体の需要曲線を描いてみましょう。ただし登場人物の数が多すぎると話が複雑になるので，ここではAさんとBさんという2人の消費者だけに注目します。

ミネラルウォーターの価格がいくらのときに1日に何本購入するかという価格と需要量の関係は，それぞれ以下のようになっているとします。

- Aさんは，価格が200円よりも高いときには1本も買いませんが，150円よりも高く200円以下なら1本だけ買います。また150円以下なら2本買います。
- Bさんは，180円よりも高ければ1本も買いませんが，180円以下なら1本だけ買います。

このときのAさんとBさんの需要曲線を合わせた市場全体の需要曲線を描きなさい。

Column ⑨　貨幣の役割

　第3章では「市場において財・サービスが自由に取引される」状況についてこれから考えると述べました。ミクロ経済学の教科書の多くでは，最初は野菜と肉の交換のように，**物と物との交換**に注目することから議論が始まります。交換を円滑に行うための手段である貨幣（硬貨や紙幣などのお金）について扱うのは，かなり後になってからというのが一般的です。

　しかし私たちの生活において，実際に物々交換をすることは珍しいことですね。そこでこの教科書では，わかりやすさを優先するために，消費者と生産者が，お金と財・サービスを交換する市場を考えることにしました。

それでは貨幣とは何でしょうか？

　貨幣は，それ自体に価値があるのではなく，まず財・サービスと取り替えて，それにより得られた財・サービスを実際に消費してはじめて価値が実現するものです。つまり生産者にとって，自分が作った商品などをお金に換えるのは，お金そのものが欲しいというのではなく，その後に何か別の財・サービスを消費するため（またはさらに生産活動を行う際に必要な費用として使うため）だということは理解しておいてください。

　それでは，私たちの社会では，なぜ物々交換ではなく貨幣を用いて取引しているのでしょうか？

　それは交換を容易に実現するためです。まず世の中に財・サービスが（野菜と肉といったように）2種類しかない状況を考えてみましょう。このようなときには，物々交換は容易です。しかし財・サービスの種類が多くなると，物々交換の相手を探すのが難しくなってしまいます。

　例えば，Aさんは肉を持っているが野菜が欲しい，Bさんは野菜を持っているが魚が欲しい，Cさんは魚を持っているが肉が欲しいというケースを考えてみましょう。このような状況を，**欲望の二重の一致**がないといいます。なぜならAさんとBさんといったように特定の二人に注目したときに，自分が持っているものと相手が欲しいものとが互いに一致していないからです。

　このとき全員が集まって，下のイラストのように，AはCに肉を渡し，BはAに野菜を渡し，そしてCはBに魚を渡せば，確かに全員が交換の利益を得ることができます。しかし一度に全員が集まって取引をするのは，取引に参

欲望の二重の一致がないケース

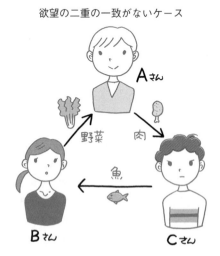

加する人数が増えてくると時間的にも空間的にも難しくなります。また，取引をスムースに行うためには，誰が何を持っていて，何を欲しがっているかという情報も必要です。

　欲望の二重の一致がない世界で，どのように取引を円滑に行うかという問題は，貸し借りの関係を帳簿に付けることでも軽減できますが，便利な道具として，貨幣が生まれました。

　なお理想的な取引環境を考える場合には，取引にかかるコストが非常に小さいかゼロであることを想定します。このとき多くの人が持つすべて種類の財・サービスの間の物々交換を一瞬で終わらせることが可能です。したがって，すべての財・サービスが理想的な取引環境の前提を満たしている場合は，実は取引に貨幣は必要ありません。

　その意味でも，理想的な取引環境や完全競争市場の説明をする際に，財・サービスとお金の交換を説明することには問題があるのですが，この教科書では，話を具体的にするために，財・サービスとお金の交換を考えています。

Column⑩　ここに注意！　図を描くとき読むときの注意点

　⑴　図の簡略化について

　第3章において需要曲線や供給曲線を描く際には，価格が最も高いところからゼロ円のところまで，どんな価格に対しても対応する需要量と供給量がわかるように描いていました。しかし教科書によっては，作図を簡単にするために縦軸の価格のすべてに対応するグラフをきちんと描いていない場合もあります。

　例えば，次ページの図の左側のように，需要曲線と供給曲線を図の中央に×印のように描くことがありますが，これはあくまで簡略化されたものであることに注意してください。

　⑵　需要曲線の形状の変化

　多くの教科書では，需要曲線や供給曲線の形が変化することを「曲線が右や左にシフトする」というように表現されています。また，その変化を図の直線部分が平行移動しているように図解しているケースもあります。

　しかし細かいことをいえば，現実の世界において需要曲線が同じ幅だけ平行に移動するとは限りません。おそらく図の右側のように変化する幅は価格によって異なるでしょう。「シフトする」という記述や平行移動するような図は，あくまで説明や作図の簡単化のために用いられている表現ですので注意してください。

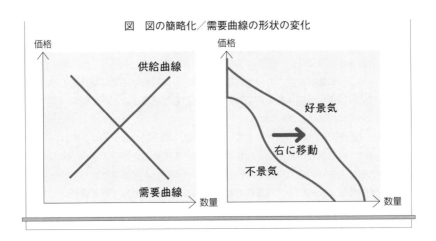

図　図の簡略化／需要曲線の形状の変化

（左図）
価格
供給曲線
需要曲線
数量

（右図）
価格
好景気
右に移動
不景気
数量

Column ⑪　需要曲線なんて本当にあるのか？

　本章では需要曲線と供給曲線について説明しました。経済学をはじめて学んだときに私が感じたのは「需要曲線なんて本当にあるのか？」という素朴な疑問です。確かに生産者側は仕事なので，市場価格を前提として利潤を最大にするように生産量を決定するといわれれば「まあそんなもんかな」と感じたのですが，消費者である自分自身は，例えばコンビニエンスストアに買い物に行くときに「缶コーヒーがいくらだったら何本買おう，ペットボトルの水がいくらだったら……」といった買い物に関する詳細な行動計画など立てていないからです。

　もちろん，理想的な取引環境や完全競争市場を考えているので現実の経済活動とは必ずしも一致していないわけですが，皆さんは気になりませんか？

　具体例として，自宅に友人を招いて鍋パーティーをすることを考えてみましょう。皆で集まってからスーパーマーケットに買い出しに出かけます。当初は白菜と豚バラ肉でミルフィーユ鍋でも作ろうかと考えていました。また，参加者全員がお酒を飲めるので，ビールも一人あたり2本くらい買おうなどと計画していたのです。

　しかしスーパーに着くと，なんと半分に切った白菜が500円もします。「これは高い！」と感じて，隣を見るとキャベツは一玉150円です。このとき「それじゃあ予定を変更して，豚バラキャベツニンニク鍋にしよう」などと考えるのは自然なことです。また一人2本くらいビールを買う予定が，店のタイムセールでスパークリングワインがとても安いことがわかったら，「せっかくだか

らビールを減らしてワインを2本買おう」といった予定変更もあるはずです。

　実は今の行動が，私たちが需要曲線のようなものを無意識のうちに持っていることを意味しています。思ったより高いと買わないであったり，これはお買い得だと感じたものをたくさん買ったりする行動を記述したものが需要曲線なのです。

　また，買い物について詳細な計画を立てることについては，対象となる財・サービスがどのくらい重要なものかによっても現実的かどうかが変わります。先ほどのような毎日の食事についてであれば，それほど計画的ではなく店に行ってから適当に決めるということもあるでしょう。しかし，これがドラム式洗濯乾燥機を購入するなど家電を買う場合，またもっとお金がかかるもの，例えば自動車や家を買うとなったらどうでしょうか。おそらくカタログや口コミなどをよく調べて慎重に検討し，どの機種がいくらまでなら購入するなどと決めるはずです。

　ここでは需要曲線について考えましたが，これから学ぶ内容についても「なんだか非現実的だなぁ」と感じたとしても，どのような現実の現象をなぜ単純化しているのか，またこのように単純化しても問題がないのか（またはあるのか）を考えてみるとよい勉強になるでしょう。

Column⑫　理想的環境に近い財と遠い財

　本章では，財・サービスの理想的な取引環境の条件として，5点を挙げました。簡潔に書くなら①市場があって，②品質が明らかで，③相場の価格が決まっていて，④取引費用が非常に小さく，⑤この財・サービスの取引が，取引当事者以外の第三者に対して直接的な影響を与えないというものでした。

　それではこのような理想的な取引環境に近い財・サービスと遠いものについて，どのようなものがあるか探してみることにしましょう。

　まず理想的な取引環境と思われる市場に，日本円とアメリカドルを取引する外国為替市場があります。この市場は，世の中のありとあらゆる経済活動の中で，これ以上ないといってよいくらいに円滑な取引が可能だといえるでしょう。

　まず，①ドル円の取引をする外国為替市場はニューヨーク・東京・ロンドンと24時間休むことなく活動を続けています。また，②取引の対象が日本円とアメリカドルなので，取引の対象となる財の品質は明確です。世界中でまったく同じものが取引されているからです。そして，③売り手と買い手が多数存在

するために，常に売値と買値が提示されている状況であり，その相場の価格で好きなだけ売り買いができます。次に，④ドル円の取引は売値と買値の差である取引手数料がとても安く無視できる程度ですし，外国為替証拠金業者（FX業者）に口座を作れば誰でも取引に参加できます。そして最後に，⑤私たちが普通に取引する程度の金額であれば他人に影響を与えることはありません。このように考えると，5条件のすべてを満たしているといえるでしょう。

　それでは理想的な取引環境から遠い財・サービスの市場としてはどのようなものを考えればよいでしょうか。こちらは最も遠いものを一つだけ挙げるというのは難しいのですが，市場は存在しているけれども取引が難しい例を挙げるなら中古マンションの取引などを考えるとよいかもしれません。

　例えば，中古マンションの買い手の視点からは，不動産仲介会社のホームページなどで調べれば，現在売りに出ている物件を探すことができます。その意味で①市場は存在しています。しかし，②現在売りに出ている物件がどのような品質かを調べるのは，普通の買い手にはなかなか難しいことです。ファミリー向けの物件で，子どもが独立したから広い部屋を手放すといったケースであればよいのですが，上の階の部屋がうるさすぎて嫌になって手放すのかもしれません。また，③不動産は一点ものです。同じマンションで同じ間取りの部屋があったとしても，方角や階数が異なればやはり価値は異なります。そのため取引価格は，ある程度の相場感のようなものはあるにせよ，相対交渉で決まることになります。次に，④取引を行う際に，そもそも良い物件を探すことに手間暇がかかりますし，実際に「この物件を買おう」と決めてからも，仲介業者や司法書士への手数料，また税金なども支払う必要があります。その意味で取引費用は高くなります。最後に，⑤集合住宅であることから，同じマンションで上下両隣の部屋に住む住人からは，「小さい子どもがいる家庭は走り回る音がうるさくて困る」などと苦情が出るかもしれません。このように考えると，市場が存在していること以外の条件は満たしていないわけです。

　もちろん，そもそも市場が存在していないケースもあります。例えば，満員電車に乗っていて，近くの人がつけている香水の匂いがキツすぎて気分が悪くなったというケースを考えてみてください。香水をどのくらいまでつけてよいのか，また香水をつけることで周囲の人が受ける被害などを取引する市場などは存在していません。そのため，そもそも取引は不可能なわけです。このような点については，第8章の外部性のパートで勉強しましょう。

第 **4** 章

市場均衡と効率性

理想的な取引環境が持つ望ましい性質とは？

価格理論

ゲーム理論

1章
ミクロ経済学
とは？

2章
個人の選択を
考える

3章
需要曲線と
供給曲線

4章
市場均衡と
効率性

5章
政府介入
と
死荷重
の
発生

6章
市場の失敗と
政府の役割

7章
独占

8章
外部性

9章
公共財

10章
情報の
非対称性

11章
取引費用

12章
ゲーム理論と
制度設計

© 2021 Ryoko Takahashi

INTRODUCTION

　この章では，需要曲線と供給曲線を用いて，市場における相場の価格がどのように決まるのかを説明します。続いて市場が均衡しているとはどのようなことか，そして市場が効率的であるということの意味についても学びましょう。

ⅼ 需要と供給の組み合わせ

▌需要曲線と供給曲線の図を横に並べる ▌

第3章では，個人の需要曲線と市場全体の需要曲線について，また個々の生産者の供給曲線と市場全体の供給曲線について説明しました。それにより，それぞれのグラフから，与えられた価格に対してどれだけの需要量があるのか，また，どれだけの供給量があるのかを読み取ることができるようになったと思います。なお今後は，市場全体の話を中心として考えていくために，**単に需要曲線や供給曲線といった場合には市場全体のものを指す**ことにしましょう。

それでは，これまで別々に見てきた需要曲線と供給曲線について，同時に考えていくことにします。図4.1では，**縦軸と横軸の単位がそろうように注意して二つのグラフを並べ**ました。よって価格を例えば1000円などと決めると，その際にどのくらいの需要量と供給量があるのかが比較しやすくなっています。

それでは注目している財・サービスの価格が高いときには需要量と供給量の関係はどのようになるでしょうか？ おそらく図4.1のように，**相対的に需要量は少なく，供給量は多くなる**でしょう。

反対に価格がとても低い場合には，今度はそんなに安く買えるのであれば買いたいと思う消費者が多く存在するのに対して，そんなに安くしか売れないのであれば作るのをやめてしまう生産者が出てくるために，**相対的に需要量が多く，供給量は少なくなる**はずです。こちらのケースについても図を描いて確認してみてください。

▌超過需要と超過供給 ▌

さて図4.1のように需要量よりも供給量が多くなってしまうような高い価格が仮に取引価格だったとしたら，何が起こるでしょうか？このとき，需要量よりも供給量のほうが多い**超過供給**の状態であるため，生産者の中には，その高い価格で売りたいのに取引する相手が見つからない人がいることになります。

このとき取引相手が見つからなかった生産者は，例えば「他の売り手ではなく，ぜひ私から買ってください。少しは安くしておきますから！」などと買い

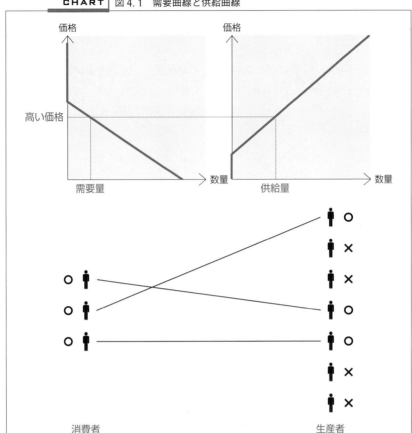

手側に交渉を持ちかけるでしょう。また反対に，その高い価格で買ってもよい
と思っている消費者であっても，取引相手がいない生産者に対して「もう少し
安くしてくれるなら，あなたから買ってもよいのですが，どうします？」など
と交渉を持ちかけることが考えられます。このように超過供給のときには，**価
格を低下させる圧力が働く**ことになります。

　反対に，需要量のほうが供給量よりも多くなってしまうような低い価格が取
引価格になっているときには何が起こるでしょうか？　このような**超過需要の
場合には，価格を上昇させる圧力が働く**ことになります。なぜなら，そのような
安い価格ならば「ぜひ買いたい！」と考えているのに買えないでいる消費者は，
生産者に対して「もう少し高くてもよいので，他の人ではなく自分に売ってほ

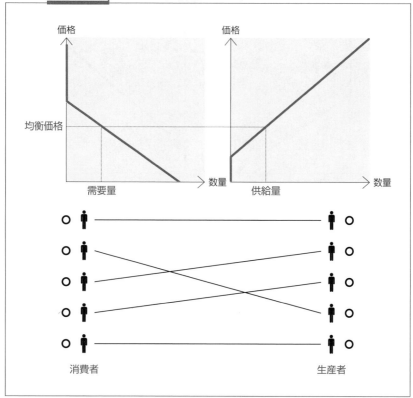

しい」という相談を持ちかけるでしょうし，売り手側も値上げを提案すること
が考えられるからです。

　それではちょうど需要量と供給量が一致するような価格について考えてみま
しょう。図 4.2 のように需要量と供給量が一致しているときには，商品が余る
こともなく，またその価格で買いたいのに買えないという人もいない状態です。
このような価格を均衡価格といいます。ちなみに，これまで相場の価格といっ
ていたのは，実はこの均衡価格のことなのです。

　このように需要量と供給量のバランスがとれている価格のときには，価格を
上昇させる圧力も低下させる圧力も働きません。しかし先ほど説明したように，
これよりも少しでも高い価格だと低下させる圧力が，また少しでも低い価格だ
と上昇させる圧力が働きます。よってこの均衡価格は，誰かが意図的に実現さ
せようとはしなくても，自然と実現してしまうと考えられるのです。

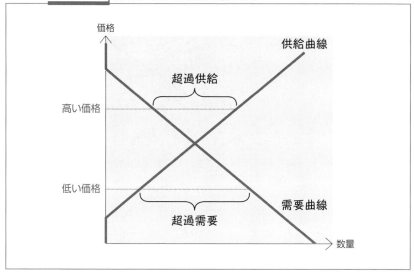

CHART | 図4.3　二つの図を重ね合わせる

二つの図を重ね合わせると

　これまで見てきたように，需要曲線と供給曲線の図を横に並べて描くことで，需要量と供給量とが一致するような価格を考えることができました。

　しかし，このようにいちいち二つの図を並べて比較しなくても，実はもっと便利なやり方があります。それは図4.3のように**需要曲線と供給曲線の図を重ね合わせてしまう**ことです。これは二つの図の縦軸と横軸が同じく価格と数量であり，また単位もそろえたからこそできることですね。

　このように重ね合わせた図を使うと，超過供給や超過需要がある場合について理解することが簡単になります。図4.3の高い価格のところでは，供給量がとても多いのに対して，需要量は少なく，その差の分だけの超過供給が発生しています。また反対に，図の低い価格のところでは超過需要が発生しています。これは図4.1のように二つの図を横に並べて比較するよりも，わかりやすいやり方ですね。

市場均衡点

　図4.4にあるように，需要曲線と供給曲線の二つが交差する点を市場均衡点といいます。市場均衡点に対応する価格が均衡価格であり，対応する数量は均

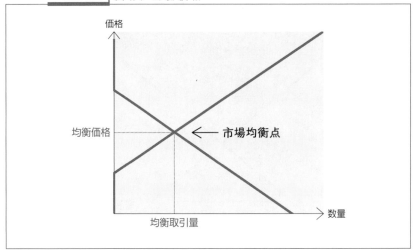

衡取引量になります。均衡価格のもとでは，消費者が買いたいと考える量と生産者が売りたいと考える量が一致するため，均衡取引量だけの取引が成立するわけです。

　均衡とは，つりあいのとれている状態を意味する専門用語です。それではこのような需要量と供給量のつりあいがとれている状況にどうやって行きつくのでしょうか？

　それはすでに説明したように，均衡価格よりも高い価格のときには値下げ圧力が，また低い価格のときには値上げ圧力が働くことから，仮に均衡価格ではないどのような価格が市場で付いていたとしても，売り手と買い手の交渉を通じて次第に均衡点に近づいていく，また，そこから少しズレたとしても，元に戻ろうとする力が働くことになるのです。

CHECK POINT

□ 1 超過供給のときには，価格を低下させる圧力が働くのに対して，超過需要のときには，価格を上昇させる圧力が働きます。

□ 2 需要量と供給量が一致するような価格のことを均衡価格といいます。これは誰かが意図的に実現させようとしなくても，売り手と買い手との間で交渉が行われることなどを通じて，自然と実現するものです。

□ 3 需要曲線のグラフと供給曲線のグラフを重ね合わせたときに，需要曲線と供給曲線が交わる点のことを市場均衡点といいます。

2 需要曲線と消費者余剰

消費者にとっての価値と個人の需要曲線との関係

　これまで需要曲線と供給曲線，そして市場均衡とはどのようなものかを説明してきました。次に考えたいのは，理想的な取引環境における取引にはどのような望ましい性質があるのかという点なのですが，その前に，第1章第4節で説明した交換の利益と余剰について，もう少し丁寧に考えてみましょう。

　まずは消費者の視点から考えます。第3章第3節では，個人の需要曲線とは，どのような価格のときに，どのくらいの量を買いたいと思うのかを図で示したものだと説明しましたが，実はこれはその人にとっての**財・サービスの価値**とも深く関係しています。

　財・サービスの価値とは何だったのかを思い出してみましょう。まず第1章第1節では，缶コーヒーやステーキを例として，財・サービスの価値とは，支払ってもよいと考える上限の金額（＝支払意思額）であると説明しました。また，価値は人によって異なること，また同じ人でも時と場合によって変わることも説明しました。

　その際には，財やサービスを一つだけ手に入れるとしたら，いくらまで支払えるのかを考えていました。しかし，私たちがさまざまな買い物をする際には，一つだけ購入するとは限りません。例えば，個人の需要曲線の説明をする際には，喫茶店で飲むコーヒーについて考えましたが，価格によっては1日に2杯や3杯飲むこともありました。

　ここでもう一度，図3.1を見てみましょう（図4.5として再掲）。まず山口さんがコーヒーの最初の1杯を飲もうとするのは，価格が300円以下になったときでした。したがって最初の1杯の価値は，300円相当だと考えることができます。

　それでは**2杯目に対する価値**はどの程度の大きさでしょうか？

　価格が250円よりも高ければ1杯だけで終わりにしていたのに，250円以下になると2杯目も飲むようになるということは，2杯目に対して支払ってもよいと考える上限の金額は250円だと考えることができます。つまり2杯目の価

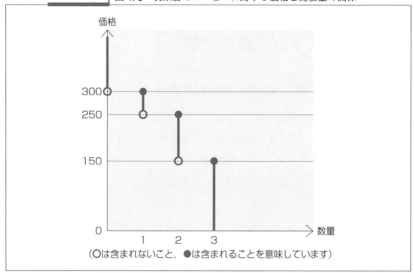

CHART 図4.5 喫茶店のコーヒーに対する価格と需要量の関係

価格

300

250

150

0   1   2   3   数量

（○は含まれないこと，●は含まれることを意味しています）

値は，（1杯目の価値よりは低い）250円ということになります。

　これまで需要曲線とは，その価格のときに何個欲しいと思うかという関係を表すものとして説明してきました。今度は，**このグラフを横軸の数量から対応するグラフの高さを読み取る**というように，逆の見方をしてみましょう（これを限界便益曲線といいます）。すると，横軸の1本目に相当するところは1本目から得られる価値（300円）を，そして2本目のところは2本目から得られる価値（250円）を表していることになります。

　このように個人の需要曲線の高さとは，この財・サービスに対するこの消費者にとっての価値を表しています。このとき，例えば山口さんにとってのコーヒー3杯の価値とは，300＋250＋150＝700という計算により，700円相当であることになります。

所得効果

　いまの説明は，実は少しだけ**不正確**です。それは1杯目のコーヒーの価値については問題ないのですが，2杯目以降の価値について考えたときに，それが**どのような状況における価値**なのかをきちんと考えていなかったことが原因です。

　山口さんが1杯目のコーヒーを飲み終えて，もう1杯注文しようかと考えて

いる状況について考えてみましょう。まず店に着いたときに，彼女の財布には今日使うことができるお金として1000円しか入っていなかったとします。このとき，1杯目が300円だったのか，それとも250円だったのかという**価格の違い**によって，実は2杯目に対して支払ってもよいと思える金額が変化する可能性があります。

例えば1杯目に対して300円支払ったとすると，財布に残っている金額は700円であり，このとき2杯目には240円までしか支払えないとしましょう。これに対して，1杯目が260円であれば，残金は先ほどの700円よりも少し多い740円なので，このとき2杯目に対して（240円ではなく）250円支払ってもよいと考えるかもしれません。このように，1杯目の価格としていくら支払うかによって，2杯目の価値が変化する可能性があります。

ここで説明したように，一つ目の価格がいくらなのかに応じて二つ目以降の価値が変動するという可能性のことを所得効果といいます。ちなみに，なぜ所得効果という名前がついているのかというと，一つ目の価格が安いということは，もともとの収入（＝所得）が多いのと同じ意味があることがその理由です。これは中級以上の教科書では議論の対象としてきちんと扱われます。しかしこの教科書では，このような変化が**無視できる**状況に限定して考察することにします。

例えば，山口さんの財布の中のお金が1000円ではなく1万円だったらどうでしょうか？　このようにお金に余裕がある場合には，2杯目に対して支払ってもよいと考える金額が1杯目の価格から影響を受ける程度は，おそらくとても小さいでしょう。つまり所得効果が無視できる状況だということは，その消費者の支出全体に占めるその財・サービスへの支出割合が比較的小さいことを意味しています。

┃ 取引価格と消費者余剰 ┃

理想的な取引環境において均衡価格で取引が行われている状況を考えてみましょう。このとき，取引をする前と後を比較すると，個々の消費者はどのくらい得をしているのでしょうか？

これは個々の消費者が得ることができる交換の利益，つまり**消費者余剰**の大きさについて考えてみるということです。それでは，ある財に対する大内さん

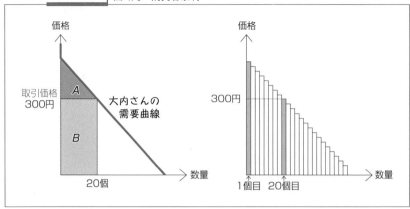

CHART 図 4.6 消費者余剰

の需要曲線が描かれた図 4.6 の左側を見てみましょう。

　この財の取引価格が 300 円のとき，大内さんは 20 個の財を購入することになります。そして受け取った財から得られる満足度の大きさは，図の A と B を足し合わせた面積となります。なぜなら需要曲線の高さが個々の財に対して支払ってもよいと考えた金額，つまり財・サービスの価値に相当するからです。

　このことは図 4.6 の右側を使って確認することができます。この財を最初に一つだけ手に入れることから得られる満足度の大きさと，19 個消費できる状態からもう一つ増えて 20 個目を得ることによる満足度の増加分が右側の図に描かれています。したがって 1 個目から 20 個目までを全部足し合わせると左側の A + B の面積になるのです。

　これに対して，代金として支払う総額は取引価格である 300 円に購入量である 20 個を掛け合わせた金額ですので，B の面積である 6000 円になります。

　そして手に入れた価値から支払った金額を引いたものが，実際に交換から得られた利益であり，消費者余剰です。これは A の面積に相当します。

　それでは図 4.7 を使って，今度は一人だけでなく，この市場で実際に取引に参加している消費者全員のことを考えてみましょう。市場全体の需要曲線は個々人の需要曲線を横に足し合わせたものだったので，取引が図の市場価格で行われているとすると，消費者たちが受け取る**交換の利益**の総量（＝消費者余剰の総量）は図 4.7 の影を付けた部分の面積になります。つまり消費者余剰の総量とは，需要曲線よりも下で取引価格よりも上の領域の面積なのです。

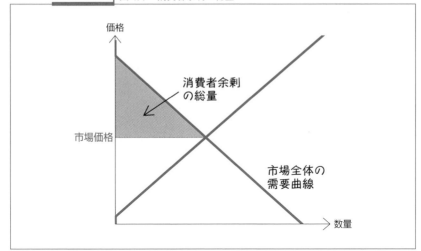

CHART 図4.7 消費者余剰の総量

価格

消費者余剰
の総量

市場価格

市場全体の
需要曲線

数量

□ 1 横軸の数量に対応する需要曲線の高さを見ることで，注目している財・サービスに対する消費者の支払意思額，つまりは価値を読み取ることができます。

□ 2 消費者余剰の総量は，需要曲線よりも下で取引価格よりも上の領域の面積で表されます。

 3 供給曲線と生産者余剰

┃ 供給曲線の意味 ┃

　今度は生産者側のことを考えてみましょう。個々の生産者の供給曲線とは，縦軸の価格が与えられたときに，その価格ならばどのくらいの数量を供給しようと考えるのかを読み取るものでした。これを，先ほどの需要曲線のときと同様に，横軸の数量から対応する高さを読み取るようにすると，そこから何がわかるでしょうか？

　この**供給曲線の高さとは機会費用の大きさを表しています**。機会費用については第2章第4節で説明しましたが，そこでは会計上の費用と経済学における費用とは異なるという点を強調しました。覚えているでしょうか？

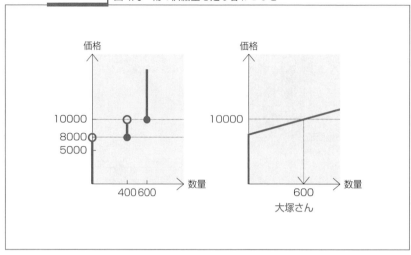

CHART 図4.8 靴の供給量を足し合わせると

以下では供給曲線と機会費用にはどのような関係があるのかについて具体的に見ていきましょう。

第3章第4節では，私たちは靴を作る職人の意思決定について考えることで供給曲線について理解しました。その際に話を単純にするために，まずは原材料費がゼロだという仮定をしていました。しかし，仮に原材料費がゼロであったとしても，生産者が靴をいくらでも作るわけではありません。例えば，大塚さんの供給曲線を描いた図3.8（図4.8の左側に再掲）を見ると，1足あたりの価格が8000円以上にならないと，大塚さんは靴作りを始めませんでした。これは別の仕事をしたらどのくらい儲かるかを考えて，靴作りのほうが相対的に得でなければ生産しようとはしないからです。

つまり大塚さんが1足の靴を作る際の機会費用は，年間400足までは，原材料費（ここではゼロと仮定しました）に見えない費用である自分への人件費を足した8000円となります。このことを図3.8の1足目から400足までの間のグラフから読み取るのは少し難しいかもしれません。あくまで供給曲線というのは，縦軸から横軸を読み取るように描かれたものであり，8000円のところでグラフがジャンプしているからです。

供給曲線の高さについて考えるのは，グラフが連続的に描かれているほうがわかりやすいので，図3.9の一番左側のケースで考えてみましょう（図4.8の右側に再掲）。

この図を供給曲線として見れば，価格が1万円のときに，大塚さんは1年間で600足作るということが読み取れます。そしてこのグラフの横軸から高さを読むとすると，大塚さんが1年間に599足ではなく600足を作るとしたら，価格が1万円以上でなければならないことがわかります。なぜかといえば，600足目に相当するグラフの高さ（＝機会費用の大きさ）が1万円だからです。

取引価格と生産者余剰

供給曲線の高さが，生産者にとっての機会費用を表していることから，取引価格が決まれば，生産者にとっての交換の利益（＝生産者余剰）がどの程度の大きさなのかも決まります。

例えば，図3.8で見た大塚さんのケースで，靴1足の取引価格が9000円だったとしましょう。このとき大塚さんはどのくらいの生産者余剰を得ているでしょうか？

まず取引価格が9000円のとき，大塚さんは1年間に400足だけ靴を作ります。そして収入は，価格に数量を掛けたものですので，360万円になります（0.9×400＝360）。一方で機会費用の大きさは，1足あたりの機会費用である8000円に400を掛けた，320万円です。つまり360万円から320万円を引いた40万円が交換の利益である生産者余剰となります。これと同様に計算すると，例えば価格が1万1000円のときには，生産者余剰は140万円となります。このことを確認してみましょう。

まず価格が1万1000円のとき，1年間に販売する数は600足です。よって収入は660万円になります（1.1×600＝660）。これに対して機会費用の大きさは，まず最初の400足については1足あたり8000円なので，320万円です。また残りの200足については1足あたり10000円なので，200万円となります。この320と200を合計した520万円が，600足の靴を作る際の機会費用なので，収入である660万円から機会費用である520万円を引いた140万円が生産者余剰となるわけです。

さて，1足あたりの取引価格が9000円のときには，生産者余剰が40万円であると聞いて，読者の中には「1年間で40万円では，とても生活できない！」と考えた人がいるかもしれません。しかしそれは間違いです。

なぜなら会計上の費用や利益と，経済学的な費用や利益は異なるからです。

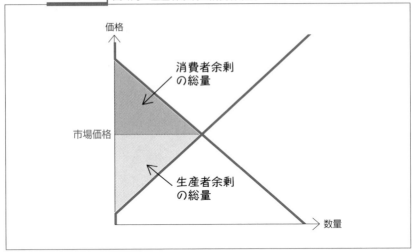

いま考えている大塚さんのケースを会計の視点から見ると，1足あたり9000円で売れるなら，360万円の収入があり，（原材料費はタダだとしていたので）会計上の利益は360万円となります。

これに対して，経済学で考える費用（＝機会費用）とは，実際にかかる経費（この数値例ではゼロ）に見えない費用（ここでは自分が他の仕事に就いていたら受け取ることができた賃金である320万円）を足したものです。

これは個人で靴作りをしているのではなく，大塚さん自身が会社の社長であり，また同時に職人でもあるという一人だけの企業だと考えるとわかりやすいでしょう。原材料費に加えて自分自身に対するそれなりの給料を支払えなければ，靴作りはできません。

ここで**大塚さんが得た収入と機会費用の総額との差**は，他の仕事をしたときに得られたはずの利益を超えてさらに受け取ることができる利益と考えることができます。これを超過利潤と呼びます。生産者余剰とは，実はこの超過利潤のことなのです。

それでは生産者全員分の生産者余剰を足し合わせると，どのようになるでしょうか。これは取引が図4.9の市場価格で行われているとすると，図で薄い影がついている部分のように描くことができます。つまり生産者余剰の総量とは，供給曲線よりも上で取引価格よりも下の領域の面積になります。

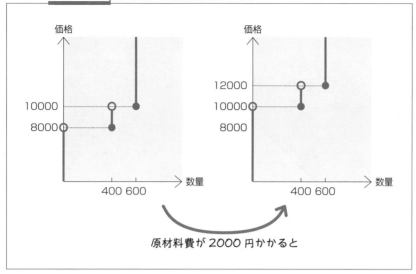

原材料費が2000円かかると

原材料費がかかるとき

　供給曲線と生産者余剰の関係を考える際の注意点を述べておきましょう。

　まず，これまでの説明では，話を簡単にするために原材料費がゼロだと考えてきました。しかしより現実的なのは，原材料費がかかるケースです。例えば1足分の原材料費として2000円かかるとしましょう。このとき大塚さんが靴作りを始めるのは，1足の価格が，自分の労働の機会費用である8000円に原材料費の2000円を加えた1万円を超えたときになります。つまり図4.10の左側の供給曲線だったのが右側のように変化します。

　そして原材料費のお金を，例えば銀行に預けたとしたら金利が付くのであれば，その金利分だけさらに機会費用が増すことになります。

固定費用がかかるとき

　もう一点注意すべきなのは，ここまでの話では**固定費用がないケース**を扱っているという点です。固定費用とは，生産量が多いか少ないかに関係なく，生産活動を行う際には常に支払うことになる費用のことです。この靴作りのケースでは，例えば工場の家賃であったり靴作りの道具の維持管理にかかる費用などのことを指します。

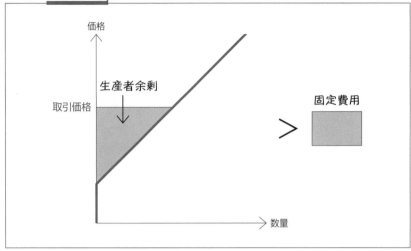

CHART 図 4.11 固定費用があるとき

価格

生産者余剰

取引価格

固定費用

>

数量

　固定費用がある場合には，生産者余剰の大きさが固定費用の大きさを上回らないと，靴作りは行われません。そうでなければ赤字になってしまうからです（この赤字とは，会計上で赤字になるということではないことに注意してください！）。図 4.11 では，生産者余剰と固定費用の大きさが比較されています。注意したいのは，供給曲線の図から読み取ることができるのは生産にかかる限界費用の大きさであり，固定費用についてはこの図に表れていないという点です。なお，ここでは，固定費用を支払う前の段階で靴作りをするか，それとも別の仕事をするか選ぶ状況を考えています。これに対してもしすでに固定費用を支払ってしまったのであれば，その部分はもう取り返しがつかないものなので無視して，生産者余剰の有無だけを見て靴作りをするかどうかを決める必要があります。

　固定費用がある状況を考えるほうがより現実的ではありますが，以下では，固定費用はかからないケースのみを考えることにします。このような固定費用がある場合については，より上級の教科書で学ぶことにしましょう。

CHECK POINT

□ 1 供給曲線を横軸から見ると，その高さは生産者にとっての経済学的な費用（＝機会費用）を表していることになります。

□ 2 生産者余剰の総量は，供給曲線より上で取引価格より下の面積で表されます。

4 理想的な取引環境の効率性

市場均衡の性質

　消費者と生産者が，理想的な取引環境において均衡価格で取引しているとき，取引している人は全員が余剰を得ています。また取引していない人にとっては，均衡価格で取引をすると損してしまうため，取引しないほうがましだという意味で，全員が満足している状態になっています。

　理想的な取引環境において均衡価格で取引しているとき，実は，全員が満足しているというだけでなく，生み出された交換の利益の総量（＝総余剰）が最大になっているという意味で，望ましい状態となっています。

　このことを確認するために，図 4.2 を少し書き換えた図 4.12 を見ながら，まずは均衡取引量よりもあと一つだけ多く生産したときのことを考えてみましょう。

　まず供給曲線の高さが機会費用を表しているということを思い出してください。したがって，現在の供給量からあと一つだけ追加的に生産するためには，現在の市場価格を超える機会費用がかかることになります。この機会費用の大きさに数量である 1 を掛けあわせると，右側の図の A の面積に相当します。

　しかしこの増えた一つの商品を誰かが消費することを考えると，需要曲線の高さは消費者にとっての価値を表していたことから，この市場には均衡価格よりも高くこの商品を評価している消費者はもう一人も残っていないことがわかります。そして，この一つだけ増えた商品を最も高く評価している消費者にとっての価値は，図の左側の B の面積となります。

　よって，均衡取引量よりも一つ余計に生産してしまうと，消費者にとっての価値 B よりも機会費用 A のほうが高いことになってしまい，無理に生産量を増やすと，反対に交換の不利益をもたらしてしまうのです。これは，もったいないことですね。

　同様に，均衡取引量よりも一つだけ少なく生産した場合を考えると，実現したはずの交換の利益が一つ分だけ損なわれてしまいます。これももったいないことですね。

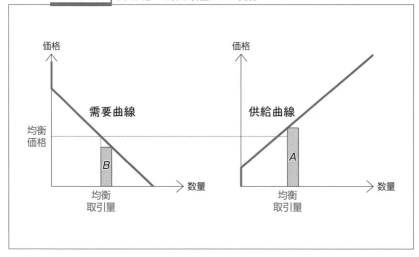

価格

需要曲線

均衡
価格

B

数量

均衡
取引量

価格

供給曲線

A

数量

均衡
取引量

　いまは均衡取引量よりも一つ増やしたときと一つ減らしたときのことを考え
ましたが，同様に考えると，何個増やしても減らしても，いまよりも余剰が減
ってしまうことが確認できます。したがって**交換の利益はこれ以上には増やせ
ない**ことがわかりました。このように理想的な取引環境において自由な取引が
行われているとき，つまり市場均衡点で取引されているときには総余剰が最大
になっているといえるのです。

　なお経済学では，総余剰が最大化されているとき，つまり交換の利益がこれ
以上は増やせないときに，効率的であるといいます。

効率的な結果を実現させるためには何が必要か？

　ここまでは，理想的な取引環境において自由な取引が行われることで効率的
な結果が実現することを勉強しました。

　第1節では，市場価格に値上げ圧力や値下げ圧力が働くことを通じて均衡価
格が自動的に実現するということを説明しましたが，これには重要な意味があ
ります。それは理想的な取引環境では，個々の市場参加者が自分の利益だけを
考えて意思決定を行うことを通じて**効率的な結果に到達できる**ということです。

　また理想的な取引環境では，取引に参加する消費者や生産者にとって必要な
情報は，現在の市場価格だけであり，それだけを参考にして何個買うか，また
何個作るかといった単純な意思決定をすればよいという点も重要です。言い換

えると，消費者も生産者も，他の消費者が何を考えているのか，また他の生産者の生産能力がどのようになっているかなどといった細かい情報を何も知らなくてもかまわないということです。

5 市場均衡点の変化

需要曲線の変化

これまで理想的な取引環境の前提が満たされているときに，消費者と生産者の間で自由な取引が行われることを通じて総余剰が最大になることを説明してきました。

次に，何らかの理由で需要曲線や供給曲線の形が変化したときに，**市場均衡点がどのように移動するのか**を考えてみましょう。またその変化により，**誰がどのくらい得をするのか**，また損をするのかについても考えることにします。

第3章の第3節と第4節で説明したように，価格以外の要素が変化すると，**需要曲線や供給曲線の形が変わります**。ここでは，夏祭りの屋台で売られているようなカキ氷を例として，需要曲線の変化について見てみましょう。

おそらく猛暑の夏と，暑さがそれほどでもない夏とを比較すると，消費者にとってのカキ氷の価値は異なるでしょう。カキ氷は，お祭りだけでなく海の家やイベントなどさまざまな場所で販売されていますが，暑い日のほうがさらに美味しく感じるからです（そうですよね!?）。

ここで多くの消費者が同様の好みを持っているとすると，図4.13のように，猛暑のときのカキ氷の需要曲線は，冷夏の場合と比べて右側に位置することに

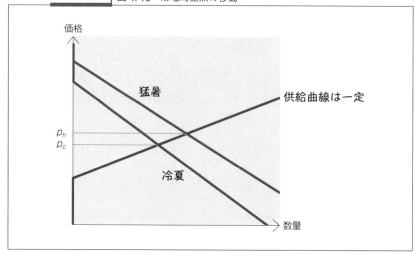

CHART 図4.13　市場均衡点の移動

価格

猛暑

供給曲線は一定

p_h
p_c

冷夏

数量

なります。そして生産者側には気候変化による影響がなく，供給曲線は変化し
ないとすると，冷夏のときと比べて猛暑のときは**市場均衡点が右上に位置する**
ことになります。さて，これはどのようなことを意味しているのでしょうか？

　市場均衡点が右上に位置するということは，**均衡価格が高く，均衡取引量も**
多いということです。つまり夏が暑いと，皆がカキ氷をたくさん食べること
（これは当然のことですが生産者がカキ氷をたくさん売ることと表裏一体です）だけで
なく，価格が上昇することも予想できます。

　これを売り手側の視点から見ると，夏が暑くて，カキ氷がたくさん売れそう
であるなら，少し強気の価格付けをしようとするのに対して，冷夏なら，例年
よりも少し安くしてでも販売数を確保したいと考えるということです。

　もう少し正確に説明するなら，仮に冷夏のときの均衡価格（図の p_c）で猛暑
のときに販売するとしたら超過需要があること，また反対に，猛暑のときの均
衡価格（図の p_h）で冷夏のときに販売するとしたら超過供給になることが，夏
の暑さに応じて市場均衡点が変化することの理由です。

▌価格が実際には変化しない場合もある

　しかし皆さんは，このように市場における取引価格が変化するという説明に
納得できないかもしれません。上の説明が正しければ，例えば暑い日と寒い日
では，自動販売機で売っている温かい缶コーヒーの価格は異なるはずなのに，

実際には価格は 120 円のままではないかといったような反例をいくつも見つけることができるでしょう。

このような理論と現実との違いにはさまざまな理由があります。例えば，自動販売機の価格を変えるには価格表示のプレートだけでなく機械のプログラムを変えるなどさまざまな手間がかかります。またカキ氷の例を考えてみても，売れ行きが好調だからといって価格を引き上げると，消費者の反発を受けるだろうと売り手が考えていたら，やはり価格を変えないかもしれません。

しかし環境の変化に価格が敏感に反応する場合もあります。例えばホテルの宿泊料金や航空券の代金は，お盆の時期や正月などにはとても高くなりますし，反対に閑散期にはかなり安くなります。

ここで説明しているのは，仮に価格が柔軟に変動できるとしたら，夏が暑ければカキ氷の均衡価格が上がり，それでも取引量も増えるということをいっているのであり，**価格が柔軟に変動することを阻む別の要因等があればその限りではない**ということには注意してください。

消費者余剰と生産者余剰の変化

カキ氷の例で見たように，需要曲線の形が変わったことが原因で市場均衡点の位置が移動した場合には，**消費者余剰と生産者余剰の大きさも変化**します。それぞれどのように変わるでしょうか？

まず冷夏のときと比較して猛暑のときには，言い換えれば需要曲線が右側にある場合には，生産者余剰は必ず増加します。図 4.14 を見ると，まず冷夏の場合の生産者余剰は E の領域ですが，猛暑の場合は $C+D+E$ の領域になりますから，これは明らかです。

一方で，消費者余剰については，増加する場合も減少する場合もあります。どのようなときにそうなるのか，いくつか図を描いて確認してみてください。図 4.14 を見る限りでは，冷夏の場合の $A+C$ よりも，猛暑の場合の $A+B$ のほうが消費者余剰は大きいように見えますが，常にそうなるとは限らないのです（猛暑のときの需要曲線の傾きが図 4.14 のものと比べてとても緩やかで，水平に近いような状況を考えてみてください）。

それでは総余剰はどうでしょうか？ これは図を見るだけで簡単に確認できます。猛暑のときの総余剰は，冷夏のときの総余剰である $A+C+E$ よりも B

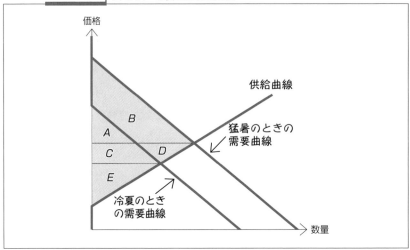

CHART　図4.14　冷夏と猛暑の比較

価格

供給曲線

B

A

猛暑のときの
需要曲線

C　*D*

E

冷夏のとき
の需要曲線

数量

＋Dの分だけ大きいことから，猛暑のときのほうが確実に大きくなります。
つまり需要曲線が右側に移動すると，生産者は必ず得するが，消費者については
場合による，そして社会全体では必ず余剰が増えると結論付けることができます。

　ただし注意していただきたいのは，ここで考えている余剰の変化はあくまで
カキ氷の市場における余剰だけを考えているという点です。猛暑のときには外
出するのも辛いでしょうし，エアコンの電気代も高額になることが考えられま
す。したがって，ここでは猛暑のときにカキ氷の市場において総余剰が増える
ということしかいうことはできません。例年よりも夏が暑いと，人々が幸せに
なるとまでは言い切れないのです。

　それでは同様に供給曲線が変化するケースについても考えておきましょう。
例えば野菜の栽培に必要な肥料の価格が高騰したとすると，生産にかかる機会
費用が上昇し，結果として野菜の供給曲線は左側に移動することになります。
それにより均衡価格は上昇し，均衡取引量は減少します。なお，このような場
合には市場価格の変動を消費者も受け入れるのではないでしょうか。

　このような供給曲線の変化によって，消費者余剰，生産者余剰，そして総余
剰がどのように変化するのかについては，図4.14を参考にして，自分で考え
てみましょう。

　なお，現実の経済においては，需要曲線や供給曲線はさまざまな理由で変化
し続けていると考えられます。均衡点とはつりあいがとれている状態であると

以前は説明しましたが，環境が常に変化しているとすれば，市場における取引価格と取引量も変化し続けることになります。

ここまでのまとめ

理想的な取引環境について考えることの意味

　これまで第3章と第4章では，理想的な取引環境において，売り手と買い手の取引がどのように実現するのかを検討してきました。まず需要曲線や供給曲線とは何か，また理想的な取引環境において需要量と供給量がなぜ一致するのか，そして市場が効率的ということの意味を順に説明しました。ご理解いただけたでしょうか？

　この教科書では，このような**非現実的な理想的状況から考え始めました**。それは第3章第1節でも簡単に述べたことですが，現実の世界で行われている不完全な取引環境と政府の役割について考える際には，**理想的な姿をベンチマーク（基準）として考えておくと何が問題なのかが明確になる**からです。

　体の健康や病気の話に置き換えて説明するとわかりやすいかもしれません。これまでは，まず健康体であるとはどのような状態なのか，そしてなぜそれが望ましい状態なのかを説明しました。

　おそらく完全に健康な人はこの世の中には存在しません。視力が少し悪いとか，少しくらいは不調なところがあるはずです。だからといって理想的な健康体についての知識に意味がないことにはなりません。それにより何が病気なのか，またどのような治療が必要なのかがわかるからです。

　もちろん完全に健康体ではないからといって，すぐに手術や投薬が必要になるとは限りません。軽微な問題なら自然治癒するかもしれませんし，手術の副

作用のほうが大きいことが予想されれば，手術せずに対症療法がとられる場合
もあります。

　経済活動について考える場合も同じです。どのような問題があるのかを理解
し，外部から介入する必要があるか否かを冷静に検討するためには，まずは理
想的な姿について知ることが求められるのです。

今後の進め方

　次の第5章では，それなりに市場が機能していて理想的な状況に近いときに
は，個別取引に政府が介入しないほうがよいことを説明します。

　その後の第6章からが，この教科書の最も重要な部分です。そこでは交換の
利益がうまく実現しないのはどのようなときかについて，問題を原因ごとに切
り分けて，政府によるどのような介入が必要なのかを個別に検討することにな
ります。

CHECK POINT

□ 1 理想的な取引環境を考えることは，多くの場合は非現実的ですが，現実の取引
について考えるためのベンチマークとしてはとても有用です。

EXERCISE ●確認・練習問題

【確認問題】

4.1　均衡とはつりあいが取れている状況のことですが，均衡価格というのは何
　　と何のつりあいが取れている状況でしょうか？　説明してみましょう。

4.2　理想的な取引環境において，人々の自由な取引により効率的な結果が実現
　　します。この効率的という言葉の意味を経済学を初めて学ぶ人にもわかるように
　　説明してください。

4.3　理想的な取引環境において，需要曲線が右に移動したときに消費者余剰が
　　減少するケース，また供給曲線が右に移動したときに生産者余剰が減少するケー
　　スを図示してみましょう。

【練習問題】

4.4　理想的な取引環境における均衡の変化についての以下の問いに答えなさい。

(1) ある日，赤ワインに含まれるポリフェノールが健康に良いことがテレビや新聞等で報道されたとします。このとき誰もが気軽に飲めるような赤ワイン（これをデイリーワインなどといいます）の市場均衡点はどのように変化するでしょうか？ 図で示しなさい。

(2) 天候が良く，キャベツなどの野菜が例年よりも豊作のときに農家の収入がかえって減少してしまう状況を豊作貧乏といいます。図を使ってこの現象を説明しなさい。

(3) ある財・サービスの生産費用を大きく下げるような技術革新が起こったときに，それを生産する企業の利益（正確には超過利潤）が減少する可能性があります。図を使ってこのことを表現してみましょう。

(4) 苗を植えてから半年後に収穫が可能になるような野菜の市場を考えます。また，この財はトラック等で安価に輸送できるため，市場は全国で共通しているとします。

　　ここで他の地方は例年どおりの作柄であったのに対して，東北地方のみ天候不順によりこの野菜の収穫量が減ったとしましょう。このとき東北地方の農家とそれ以外の農家が得られる収入は例年と比べてそれぞれどのように変化するでしょうか？

　　東北地方以外の農家の収入は必ず増加すること，また東北地方の農家の収入は減る場合と増える場合があることを図を使って説明しなさい。

Column⑬　余剰の計算方法　

　　第4章では，消費者余剰と生産者余剰，そして総余剰について学びました。需要曲線と供給曲線を描いたときに，それぞれの大きさが図のどの領域の面積に相当するのかは理解できたと思います。

　　それでは**数値例を用いて実際に面積を計算してみましょう**。本来は，このような計算をしてみることよりも，余剰の意味をきちんと理解することのほうが重要です。しかし，実際に面積の大きさを求める方法を理解することで，環境の変化が余剰の大きさに与える影響を具体的に検討できるようになることから，数値例を用いた計算をしてみることも有益なのです。

　　まず需要曲線は次のような式で表されるとします。

$$q = 1 - p \ （ただし \ 0 \leqq p \leqq 1 \ のとき）$$

$$q = 0 \ （ただし \ p > 1 \ のとき）$$

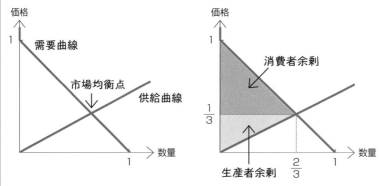

図　消費者余剰と生産者余剰の計算

また供給曲線は次のような式で表されるとします。

$$q=2p$$

　これらは図の左側のように描くことができます。このとき，図を見るだけで市場均衡点は均衡価格が 1/3 で均衡取引量は 2/3 となることがわかるかもしれませんが，以下ではこれらを数式から求めてみます。

　まず右下がりの需要曲線と右上がりの供給曲線の交点を求めたいので，二つの式をわかりやすく書き直す必要があります。第 3 章第 3 節で説明したように，需要曲線と供給曲線を描く際には，y 軸の値に対応する x 軸の値をグラフから読み取ることが必要なのですが，この図の均衡点の位置を求める際には，x 軸から y 軸の値を読み取ると捉え直したほうが理解しやすいからです。

　まず需要曲線について，$0 \leqq p \leqq 1$ の範囲に限定すると，これは

$$p=1-q$$

と書き換えることができます。需要曲線の式と同じことをいっているようですが，これは価格に対応する数量を求める式（＝需要関数）ではなく，逆に，数量に対応する価格を求める式ですので逆需要関数といいます。

　次に供給曲線については，

$$p=\frac{1}{2}q$$

と書き直すことができます。これも価格に対応する数量ではなく，数量に対応する価格を求める式ですので逆供給関数といいます。

　そしてどのような数量 q のときに逆需要関数の高さと逆供給関数の高さ（つまりは対応する価格）が一致するのかを求めます。すると高さが一致するのは

$$1-q=\frac{1}{2}q$$

となる q のときであり，これは

$$q = \frac{2}{3}$$

のときです。これが均衡取引量となります。

そして均衡取引量の値を逆需要関数か逆供給関数に代入することで，均衡価格も

$$p = \frac{1}{3}$$

と求めることができます。

それでは消費者余剰と生産者余剰の大きさは，どのようにすれば求められるでしょうか？

図の右側を見ると，消費者余剰の大きさは底辺が 2/3 で高さも 2/3 の直角二等辺三角形であることがわかります。

三角形の面積は底辺の長さに高さをかけて 2 で割れば求められますので，消費者余剰の大きさは

$$\frac{2}{3} \times \frac{2}{3} \div 2 = \frac{2}{9}$$

となります。生産者余剰についても同様に計算すれば 1/9 ですね。

最後に総余剰の大きさを求めましょう。ここでは総余剰とは消費者余剰と生産者余剰を足したものですので，

$$\frac{2}{9} + \frac{1}{9} = \frac{1}{3}$$

となります。

Column ⑭ 生産者余剰はどこへ行く？

第4章では，消費者余剰と生産者余剰について学びました。また，生み出された交換の利益を合計したものが総余剰であり，総余剰を最大限に実現することがミクロ経済学の目的だと第1章では説明しました。

さて，このとき総余剰の最大化ではなく，**消費者余剰を最大にするべきではないか**と考えた人はいないでしょうか？ なぜなら消費者余剰とは，私たちが消費者として受け取るメリットであるのに対して，生産者余剰とは企業が受け

取るもののように見えるからです。企業ではなく消費者を重視したほうがよいと思う人もいるはずです。

それでは企業とは何か，また企業が得る**生産者余剰はどこに行くのか**を考えてみましょう。

そもそも企業とは，経済活動を行うために人間と物とお金が集まって活動する組織です。そして生産者余剰とは，企業の収入の中から原材料費や賃金や利子などを支払った残りの部分です。それが将来の生産活動のための新たな投資に回される部分と会社の持ち主（株式会社だと株主です）に還元される部分（＝配当）に分けられます。

外国との取引が一切存在しないケースから考えると，生産者余剰は，いずれは株主の手に配当として支払われることになるため，やはり交換の利益として国民が得るものだと考えることができます。したがって，**消費者余剰と生産者余剰のどちらもが国民の利益になる**のです。

これに対して，株主（の一部）が外国人である企業の場合には，話が変わってきます。世界全体のことを考えるのであれば総余剰が最大になることが望ましいのですが，日本国内のことだけを考えるのであれば，国内の消費者と国内の株主の利益だけを合計して，その最大化を考えるほうが場合によっては適切かもしれません。

ただしこれは外国人による日本企業への投資や外資系企業の日本進出を受け入れるべきではないということではありません。外国人による日本企業への投資ができるということは，日本企業が資金調達をする際に多様な選択肢が生まれることにもつながりますし，また仮に 100％ 外国資本の企業であっても，企業活動に伴い発生する雇用なども日本国民にとって重要だからです。

Column ⑮ 「一つあたり」の図と「全部でどれだけ」の図

ミクロ経済学を勉強する上では，さまざまな図が登場します。それらを理解するために重要なのは，それが「一つあたり」の図なのか，それとも「全部でどれだけ」の図なのかを区別することです。

(1) 「一つあたり」の図とは

「一つあたり」の図の代表例は，需要曲線の図です。

本書の 56 ページから 63 ページでは，個人の需要曲線とはどのようなものなのかを説明しました。需要曲線とは，注目している消費者が，価格がいくらのときにどのくらいの数量を買うのかという選択を表すものです。例えば，図

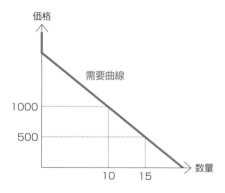

3.5 として示した出川さんの需要曲線とは，上のようなものでした。

　この図の縦軸の「価格」というのは一つあたりの価格，つまり単価です。そして，この図を見ると，価格が 1000 円のときには出川さんは 10 個買うこと，また 500 円のときには 15 個買うことがわかります。

　また，縦軸の価格から対応する数量を読み取るのではなく，85 ページから 87 ページで説明したように，横軸の数量から対応する高さを読み取ることで，消費者にとっての価値を知ることができます。この場合，出川さんにとって，この財・サービスの 10 個目の価値は 1000 円であることがわかります。ここで大事なのは，横軸の数量というのは「何個目」なのかを表しているということです。

⑵ 「全部でどれだけ」の図とは

　さて，この出川さんの需要曲線を，「全部でどれだけ」の図に書き換えてみましょう。

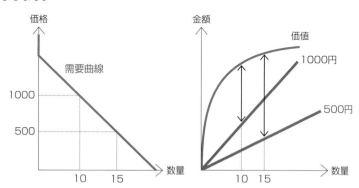

　上では，比較しやすいように，先ほどの需要曲線の図の右側に「全部でどれだけ」の図を並べてみました。横軸は同じく数量であるのに対して，縦軸が，

価格と金額という異なったものである点に注意してください。

それでは右側の図をどのように理解すればよいのかを説明しましょう。

まずこのグラフは横軸の数量から高さを読み取る図です。青い曲線は，数量に対応する消費者の価値を表しています。例えば 10 のところの高さは，出川さんがこの財・サービスを 10 単位消費することによって，全部でどのくらいの満足度を得られるのかを表しています。そして数量が増えていくと，得られる満足度の大きさが増えていきますが，増え方が減っていくことが，この青い曲線からわかります。

次に，右上がりの黒い直線は，一つあたりの価格に応じて，出川さんが全部でどのくらい支払わなければならないのかを表しています。これが「全部でどれだけ」ということの意味です（なお図の高さは，全部でどれだけの金額かを表しているので，縦軸が価格ではなく金額となっていることに注意してください）。

このように考えると，青い曲線と黒い直線の差が，消費者にとっての交換の利益（＝消費者余剰）を表していることがわかります。収入から機会費用を引くと超過利潤が計算できるのと同じですね。この消費者余剰が最大になるような数量を，消費者は消費量として選択するのです。

右側の図からは，価格が 1000 円のときには，消費者余剰を最大にするのは 10 個買うこと，また価格が 500 円のときには 15 個買うことだというのが読み取ることができます。これは左側の需要曲線が表していることとまったく同じですね。

(3) 図の区別はとても大事

同じことを表すのに，「一つあたり」の図を使うことも「全部でどれだけ」の図を使うこともできます。そのときどきによって使いやすい方を使えばよいのですが，いま見ている図がどちらなのかは確実に理解し，混乱しないようにしましょう。例えば 43 ページの図 2.5 では，デパートの営業時間について図で示されていますが，これは「全部でどれだけ」の図です。また少し先の話ですが，独占を扱っている 164 ページの図 7.7 では，「全部でどれだけ」を描いた図と「一つあたり」の図が縦に並べられています。

それでは，図が違えば，同じ物事が違った形で表現されるということを具体例を用いて見ておきましょう。先ほどの出川さんの需要曲線を二通りの表現で描いた場合について，価格が 1000 円のときに出川さんが得る消費者余剰の大きさは，図のどこに相当するでしょうか。

左のように「一つあたり」の図の場合には，一つ目から得られる余剰から 10 個目から得られる余剰までを足し合わせないといけないので，青い三角形

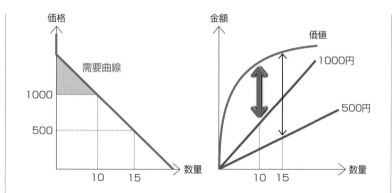

の面積が消費者余剰となります。これに対して右側の「全部でどれだけ」の図の場合には，10個目のところをみて，得られた価値から支払金額を引けばよいので，青い矢印の幅が消費者余剰となります。

　図の縦軸や横軸が何を表しているのかをきちんと理解し，その意味を正確に捉えられるようにしましょう。

CHAPTER

第5章

理想的な取引環境への政府介入と死荷重の発生

一見するとよさそうな政策に伴う副作用を考えよう！

© 2021 Ryoko Takahashi

INTRODUCTION

　この章では，理想的な取引環境の前提条件が満たされている場合に，政府が市場における個別取引に介入するとどのような結果をもたらすのかを考えます。このような介入は，交換の利益を損ねてしまうという意味で望ましくないということを，価格規制・参入規制・課税・補助金を例に挙げて説明します。

1 価格規制

バゲットの価格規制

　これまで理想的な取引環境において消費者と生産者がどのように行動するのか，また均衡価格や均衡取引量がどのように決まるのか，そして交換の利益である余剰はどのように計算できるのかについて説明してきました。次に，市場メカニズムがそれなりに機能している場合には，市場における個別取引に対して政府が介入するのは望ましくないということを説明しましょう。

　最初に取り上げるのは，**価格規制がもたらす問題**についてです。

　フランスでは，イラスト①のような，いわゆるフランスパン（バゲット）の価格について，1978 年までは公定価格が定められていました。つまり法律で決められた価格でしか売買することができなかったのです。この規制は，フランス人の食事には欠かせないバゲットの価格が高くなりすぎると，消費者が困るということが理由で行われていました。

　このケースでの公定価格というのは，これよりも高い価格を付けて販売することはできないという点が重要であり，実質的には取引価格に上限を定めている規制だといえます。

　上限価格規制は，一見すると消費者の利益になりそうな規制です。それにより価格の上昇を抑える効果が期待できるからです。しかし，このような規制を導入することが本当に望ましい政策なのかを検討してみると，実は大きな弊害があることがわかります。なぜこの規制がフランスにおいて廃止されてしまったのかを考えてみることにしましょう！

価格規制と超過需要

　まず規制がなかった場合の市場価格（＝均衡価格）よりも低い価格を上限とする価格規制が導入されると，図 5.1 のように**超過需要**が発生します。そして価格規制がない場合ならば価格を上昇させる圧力が働いたはずですが，価格規

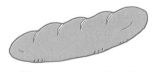

①フランスパン（バゲット）

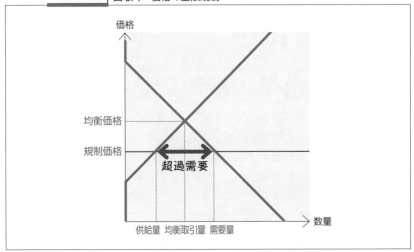

制がある場合にはそれが機能せず，超過需要がある状態が続いてしまうことになります。

　反対に，市場価格よりも規制価格が高ければ，規制後も従来どおりの市場価格で取引が行われるために，これは「空振り」の規制となります。このときは市場取引に何も影響を及ぼさないので，以下では均衡価格よりも低い水準での上限価格規制の効果を考えることにしましょう。

　価格規制が行われると，その安い価格で買いたいと考えている人のうちの一定の割合の人は実際にはバゲットを買うことができません。それでは規制された安い価格のもとで生産される**限られた量のバゲット**を，**誰が買えて誰が買えないのでしょうか？**

　それは限られた量のバゲットがどのように配分されるかという**割当のルール**によって**変わります**。例えば，早い者勝ちだったとしましょう。つまり朝早くからパン屋さんの前に並んだ人から順に買えるとします。この場合には本当にバゲットを欲しいと思う人は頑張って並ぼうとするでしょうが，忙しい人よりも暇な人のほうが行列に並ぶことの機会費用が低いことから，どちらかといえば暇な人がバゲットを入手できるということになりかねません。

　また売り手が誰に売るのかを決めることができるとしたら，どうなるでしょうか？　この場合にはパン屋さんの家族や親戚，また友人や知人がバゲットを手に入れることになるでしょう。そして重要なのは，このような価格規制が行

われると，規制の前と比較して，一部の人は安く買えますが，残りの人は買えなくなってしまうという点です。

価格規制によって発生する死荷重（転売ができる場合）

それではこのような規制が，実現する交換の利益（＝余剰）に対してどのような影響を与えるのかについても考えてみることにしましょう。これはバゲットの割当のルールや購入した人が別の人に転売できるか否かにも依存します。なお以下では話を簡単にするために，消費者がバゲットを買おうとするのは一人１本までという状況を考えることにします。

まずは価格規制がなかった場合の総余剰をベンチマークとして見ておきましょう。消費者余剰は，次ページの図5.2の$A+B+C$の領域の面積になります。また生産者余剰は，$D+E+F+G$の面積になります。したがって総余剰は，$A+B+C+D+E+F+G$です。

それでは，規制価格のもとでバゲットを運良く購入できた人が，自分よりもバゲットを高く評価する他の消費者へとバゲットを自由に転売することができる場合について考えてみましょう。このとき，図5.2の$A+B+D+E$が消費者余剰となります。これは限られた量のバゲットを最も評価額が高い人から順に割り当てることができたという最高にうまくいったケースと同じ状態です。なぜなら，たまたま入手できた人が，自分よりもバゲットを高く評価する人に自由に転売できたとすると，最終的には評価額の高い人から順にバゲットを消費することになると考えられるからです。また，生産者余剰は図のGです。

実現可能な総余剰の最大値と実際の総余剰の差を死荷重といいます。言い換えるなら死荷重とは実現できなかった余剰のロスのことです。したがって死荷重が存在するということは，その状態は効率的ではなく，もっとうまくやれば，より大きな交換の利益を実現できたことを意味します。ここでは$C+F$の面積が死荷重となっています。なぜなら規制がなければ$A+B+C+D+E+F+G$だった総余剰が，規制により$A+B+D+E+G$へと$C+F$の分だけ減少しているからです。ここでは限られた数量のバゲットをより高く評価する消費者から順に買うことができるという状況であっても死荷重が発生してしまうことが示されました。このことから上限価格規制は社会的な損失をもたらすということができます。

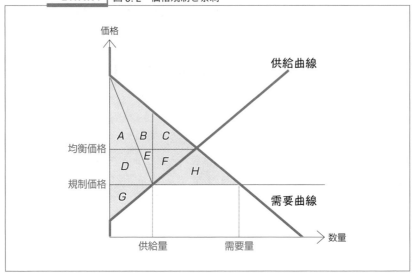

価格

供給曲線

均衡価格

A B C
E
D F
H

規制価格

G

需要曲線

供給量 需要量 数量

価格規制によって発生する死荷重（転売ができない場合）

　次に価格規制が行われているときに，購入希望者（これは規制価格のもとでの需要量のことです）のうちで実際に購入できる人が等確率でランダムに選ばれるケースを考えます。つまり図 5.2 の，規制価格のもとでの供給量に相当する数のバゲットの購入者をくじ引きにより決定するような状況です。そして運良くバゲットを手に入れた人は，転売することはできず，自分でそれを食べることとしましょう。

　このとき図 5.2 の $A+D+G$ の領域が総余剰になります。G の領域が生産者余剰になることについては簡単に理解できると思いますが，消費者余剰がなぜ $A+D$ の面積になるかわかりますか？

　これを理解するためには，購入できる人がランダムに選ばれるということの意味を理解する必要があります。

　仮に消費者が規制価格のもとで欲しいだけの量を購入できたとしましょう。このとき，実現する消費者余剰は，図 5.2 の $A+B+C+D+E+F+H$ になるわけですが，実際にはこれらの購入希望者の全員が買えるわけではありません。そして購入者が等確率でランダムに選ばれるということは，バゲットを高く評価する消費者も，（もちろん規制価格以上の高い金額ですが）相対的にはバゲット

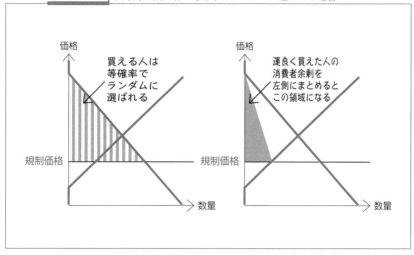

を低く評価する消費者も同じ確率で購入できることになります。

　すると図5.3の左側にあるように，購入希望者の中で実際に購入できた人は ランダムに決まっていて，間を空けて並んでいることになります。この運良く 購入できた人たちの消費者余剰は，間が空いたスカスカの状態ですので，これ を左にぎゅっと寄せると，消費者余剰の合計額は図の右側の三角形の面積のよ うにまとめて描くことができます。そしてこれが図5.2の $A+D$ の領域に一 致するわけです。

　以上のことから，転売ができない場合には，**価格規制をすることで，総余剰 がさらに減ってしまう**ことがわかりました。なぜなら規制がなければ図5.2の $A+B+C+D+E+F+G$ の領域の総余剰が実現していたのに，転売ができな いという制約のもとで価格規制が行われると，総余剰が $A+D+G$ になってし まうからです。つまり $B+C+E+F$ が死荷重となっています。

　それでは，どのような場合に転売が可能で，どのような場合に転売が不可能 なのでしょうか？　ここで考えたバゲットの例などでは，店で購入した商品を 家に持って帰ってから第三者に対してこっそりと売ることができるかもしれま せん。これに対して，生産者から直接的にサービスを受ける場合（例えば美容 師のサービス）や購入後に商品の質の劣化が激しい場合（例えばソフトクリームな ど）は転売することが難しいと思われます。

　ここではフランスで過去に行われていたバゲットの価格規制が何をもたらし

ていたのかを検討しました。バゲットの価格が高いと消費者が困ってしまうからといって，無理に価格を引き下げようとして上限価格を決めてしまうと，転売が可能な場合であっても，また購入者が等確率でランダムに選ばれる場合ではさらに大きく総余剰を減らしてしまうことがわかりました。

ただし規制がない場合の消費者余剰と比べて，**規制がある場合の消費者余剰が大きいか小さいかは場合によります**。多くの場合は，規制により消費者余剰が減少すると考えられますが，規制によって消費者余剰の総量が増える可能性もあります。図 5.2 では $A+B+C$ のほうが $A+D$ よりも大きく描かれていますが，例えば需要曲線の切片が同じで傾きがより緩やかな場合には価格規制があるときのほうが消費者余剰は大きくなります。この点については実際に図を描いて確認してみましょう。

しかし重要なのは，規制により総余剰が減少してしまうこと，また規制があるときには実際に取引されるバゲットの数も減ってしまうことです。このとき，本来助けたかったはずの貧しい人がパンを入手できているとは限らないのです。

価格規制による質の低下

価格規制の悪影響はこれだけにとどまりません。規制がなかった場合には，個々のパン屋さんは消費者を引きつけるために切磋琢磨をして，よい材料を使うとか焼き方に工夫を凝らすなどの取り組みをしていたはずです。それにより，より高い価格でより多くのパンを売ることができ，利益が増えるからです。

しかし価格規制があることにより，パン屋さんの行動は変わってしまいます。おそらく手抜きをするようになるでしょう。そして仮に「最近，この店のパンは味が落ちたんじゃない？ 前のほうがよかったな」という客が現れても，店側は「文句があるなら買わなくてもいいですよ」と答えるでしょう。なにしろ少しくらい質が落ちても，規制された価格でバゲットを買いたいという消費者は，まだまだたくさんいるわけですから。

このように価格規制が行われることには，対象となる**財・サービスの質の低下**をもたらすという悪影響もあるのです。フランスで行われていたバゲットの公定価格制度が 1978 年に廃止されたのは，これらのような悪影響があったからだと考えられます。

▍価格の下限規制

　価格規制には，これまで見てきたような上限規制だけでなく，下限規制もあります。よく知られている例は最低賃金制度です。これは労働力を売る際の価格（＝賃金）の下限規制であり，例えば 2021 年 1 月時点での東京都の地域別最低賃金は時給 1013 円です。最低賃金は厚生労働省のホームページ（https://pc.saiteichingin.info）に掲載されていますので，皆さんが住んでいる都道府県の現在の最低賃金についても確認してみましょう。

　さて，最低賃金制度は労働者を保護するために実施されている規制だと一般的には考えられていますが，これは本当に労働者のためになっているのでしょうか？

　結論だけいうと，これまでの価格の上限規制の議論と同様に，労働力の取引が理想的な取引環境に近い状態であるとするなら，**最低賃金規制が行われることで取引が抑制されてしまい，死荷重を生み出す**ことになります。

　最低賃金制度について考える際に重要なのは，一見するとよいことのように思われる最低賃金の引き上げが，反対に人々を苦しめる結果になるかもしれないという逆説的なストーリーを理解することです。

　実際の例を見てみましょう。ラグビーやアメフトの一流選手を輩出することで有名な，アメリカ領サモアでは，以前は雇用の約 8 割がツナ缶の工場によるものでした。

　そしてあるとき，サモアに住む人々の保護を目的として，アメリカ本土並みの最低賃金への引き上げ計画がまったくの善意から施行されました。その内容は，2007 年の時給 $3.05 から毎年 50 セント程度のペースで最低賃金を引き上げることにより，2015 年にアメリカ本土の最低基準である時給 $7.25 にすることとされていました。

　それにより何が起こったのでしょうか？　ツナ缶工場のほとんどがサモアから撤退してしまい，残された工場は一つだけになってしまったのです。雇用は失われ経済は大打撃を受け，サモアの住民の多くは，結果として最低賃金の引き上げ前よりも貧しくなってしまいました。

　このことを受けて，アメリカのオバマ大統領は，サモアの最低賃金引き上げを 2015 年までは凍結する法案に 2012 年の段階で署名しました。そして，サモ

アにおける産業別最低賃金（缶詰産業）は 2021 年 1 月時点でも時給＄5.56 であり，連邦の最低基準である時給＄7.25 よりも低く設定されています。この話の詳細は，アメリカの労働省のホームページ（https://www.dol.gov/whd/minwage/americanSamoa/ASminwage.htm）に掲載されていますので興味がある方はご覧ください。このケースからわかることは，少なくとも経済の実態に合わないかたちで最低賃金を急速に引き上げると，仕事が失われてしまい，働く人々を苦しめる可能性があるということです。

望ましい施策とは？

これまで価格規制が行われると死荷重が発生してしまうという点を説明してきました。貧しい人や困っている人を助けるためにフランスパンの価格などを直接的に規制すると，大きな弊害が発生するという結論だけをみると，「それならば困っている人への対処はどうすればよいのか？」と多くの人が疑問に思うはずです。

より望ましい援助方法とは，市場における取引には介入せずに，困っている人に対して**直接的に補助金を支払う**ことです。つまり政府の仕事の一つとして第 1 章第 6 節で紹介した再分配を行うことです。

なぜこの方法が，より望ましいのでしょうか？ それは市場における価格の決定を妨げないため，死荷重が発生しないこと，そして困っている人に限定したかたちで援助できることが利点となります。

価格規制が必要な状況も

注意していただきたいのは，ここで説明したのは，理想的な取引環境の前提条件が満たされているときには，価格規制は総余剰を減らしてしまうということです。交換の利益を最大限に実現するということを目的とするなら，これはやってはいけない政策だといえます。

しかし**前提条件が満たされていなければ**，話は変わります。

例えば，ある地域の労働市場に注目したときに，その地域では労働力の買い手による独占状態が成り立っているとしましょう。例えば，その地域には大きな工場が一つしか存在していないため，働こうとするならその工場で働くしかないといったような状況です。

このとき工場の経営者は，賃金の支払いを少なくすることを通じて利益を最大化しようとして，社会的に見て望ましい水準よりも賃金を低く設定することが考えられます。このとき，適切な水準の最低賃金を設定することにより，余剰が増加する可能性があるのです。

　そして実際に，第7章では，生産者側か消費者側のどちらかが独占状態にある場合には，余剰を最大限に実現するためにも価格規制が必要となるケースを扱います。

CHECK POINT

□ 1 理想的な取引環境の前提条件が満たされているときには，価格規制を行うことで，死荷重が発生します。これは総余剰を最大にするということが政策目的であるなら，やってはいけないことです。

□ 2 価格規制があるとき，取引される財・サービスの質が低下するという悪影響もあります。

□ 3 困っている人への援助をするためには，価格規制よりも直接的な補助金の支給のほうが効果的です。

2　参　入　規　制

参入規制とは？

　次に，市場への参入規制について考えましょう。日本に限らず，多くの国や地域において，消費者や業界の保護を理由としてさまざまな参入規制が行われています。

　特定の業種への参入を規制する施策として，例えば日本では，薬局を開業する際の適正配置規制と呼ばれるルールが過去にありました。これは新たに薬局を開業する際には，既存の薬局から一定程度の距離が離れていなければならないというものです。

　この規制を支持する人々は，狭い地域に薬局がたくさん出店すると，経営がうまくいかない薬局がでてきてしまい，その結果として安全性が十分ではない薬が販売されてしまう可能性があるので，このような規制が必要なのだと説明していました。

しかしこの適正配置規制は，最高裁判所による1975年の判決で，違憲だと判断されて，その後に撤廃されました。このような判決になった理由は，まず参入規制があることは憲法で認められる職業選択の自由に反するものであるから，また薬の安全性が損なわれることを理由として薬局の立地を規制しようとするなら，薬局の競争が激しくなると本当に薬の安全が失われるのかを確認する必要があるから，そして，他の手段では薬の安全は確保できないのかについてもきちんと検討すべきだというものでした。

　以下では，価格規制について考えたときと同じように，パン屋さんを例として，参入規制がどのような影響をもたらすのかについて経済学の視点から考えてみましょう。まず理想的な取引環境の前提条件が満たされている場合には，参入規制が効率性を損ねることを見ていきます。その上で，この規制が誰に利益と損失をもたらすのかについても考えることにしましょう。

参入規制の影響

　ある架空の国において，パン屋さんの新規出店を禁止するという参入規制が新たに導入された場合に，それがどのような結果をもたらすのかについて考えてみましょう。

　このような規制が存在するとき，新たなライバル企業が登場しないことを意味するので，既存のお店はこの規制の導入をとても喜ぶでしょう。なぜなら新たに出店したパン屋さんとの間で，品質面や価格面での厳しい競争をしなくてもすむからです。

　もちろんこの規制は，建前上は，既存のパン屋さんを助けるために作られたものではないことになっています。この規制の根拠となる法律が作られたときには，「これは安全な食品を食べたいと考えている消費者の保護を目的とした規制です。パン屋さん同士の競争が激しくなると，その中には原材料を偽って表示したり，賞味期限が切れた材料を使ったりする店などが出てくるかもしれません。このような行為を防ぐために，パン屋さんが安心してパン作りに専念できるようにしましょう」という主張がなされました。

　それではこの規制がなかった場合とあった場合とを比較してみましょう。以下では理想的な取引環境の前提条件が満たされている場合を出発点として考えます。したがって例えばフランスパンという特定の財について考えたときに，

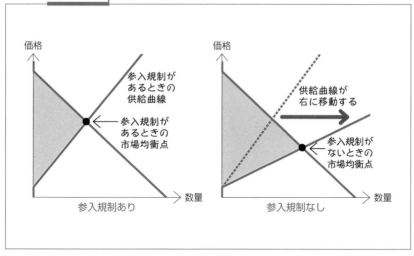

CHART 図5.4 均衡点の比較

（左図）
価格

参入規制が
あるときの
供給曲線

←参入規制が
あるときの
市場均衡点

数量

参入規制あり

（右図）
価格

供給曲線が
右に移動する

参入規制が
ないときの
市場均衡点

数量

参入規制なし

個々の店が作るパンの間には品質に違いがないこと，また相場の価格でパンが売買されているということを仮定します。

　図5.4の左側は，参入規制がある場合の需要曲線と供給曲線を描いたものです。二つの曲線の交点が市場均衡点です。これに対して規制がなかったとしたら，何が変わるでしょうか？

　新規参入が可能だと，図5.4の右側の図のように供給曲線が右に移動します。市場全体の供給曲線とは個々の企業の供給曲線を横に足し合わせたものだったことを思い出せば，新規参入があることで供給曲線がこのように右に移動することが理解できるはずです。そして参入規制がないときの市場均衡点は，右側の図の交点になります。

　それでは**効率性の面ではどのような違いがあるのでしょうか？**

　どちらのケースでも**総余剰は需要曲線と供給曲線と縦軸に挟まれた三角形の面積で表されます**。そして参入規制がある場合の総余剰の領域は参入規制がない場合の総余剰の領域に含まれることから，参入規制がないほうが総余剰は大きいこと，別の言い方をすれば，**参入規制があることによって死荷重が発生している**ことがわかります。図5.4のどの部分が死荷重になるのか，自分で確認してみてください。

　次に，消費者と既存企業と新規参入企業という3種類の当事者が，どのくらい損や得をしているのかについて考えてみましょう。

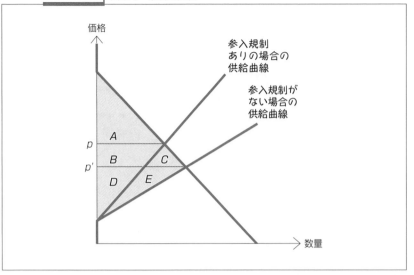

まずは消費者について，参入規制がある場合とない場合とを比較してみます。図5.5を見ると，規制がある場合の消費者余剰が図の A の面積であるのに対して，規制がなければ消費者余剰は $A+B+C$ になります。つまり消費者は規制があるときには損していることになります。

次に既存企業についてはどうでしょうか？ 規制がある場合の既存企業の生産者余剰は $B+D$ であるのに対して，規制がなければ生産者余剰が D だけになってしまいます。価格が p から p' へと低下すること，またそれに伴い生産量が低下することが理由で余剰が減少しているのです。つまり既存企業は規制があることにより得しています。

そして新規参入を希望する企業にとっては，規制がある場合には参入できないために余剰はゼロです。これに対して規制がなければ E の面積に相当する生産者余剰を手に入れることができます。つまり規制により損しています。

以上をまとめると，参入規制があることにより，まず**消費者の余剰が減少する**こと，また**新規参入企業の余剰も失われてしまう**ことがわかりました。一方で**既存企業にとっては参入規制があるほうが余剰は大きくなります**。しかし総余剰で比較すれば，参入規制がないほうが余剰は大きいのです。参入規制がある場合には，図の $C+E$ の面積が死荷重になるからです。

これを見ると，交換の利益を最大限に実現させるためには，参入規制は行わ

ないほうが望ましいといえるでしょう。

かわいそうな人を助けるためには？

　現実の市場取引は，理想的な取引環境の前提を満たしていないことが多いため，参入規制が必要になることも確かにあるでしょう。しかし新規参入に対して既存企業がさまざまな理由をつけて反対したからといって，それを鵜呑みにするのは危険だということが上の分析から理解できるはずです。

　なお参入が自由であることによって生み出される「かわいそうな人」を助けようとするなら，できる限り**市場における取引を阻害しないかたち**で行うことが望まれます。

　例えば，タクシー事業への参入が自由だと乗務員の賃金が低下してしまい生活が苦しくなるといった理由でタクシーの台数規制を主張している人がいたとします。このとき最初に検討すべきなのは参入規制ではありません。政府の役割として挙げた再分配，つまり困っている人に対して直接的に金銭給付を行うことや，他の職種への移動が可能になるように，教育訓練に対する支援を実施することのほうが望ましい手段であると考えられます。そのほうが交換の利益の実現を損なわず，結果として社会全体を豊かにする可能性が高いからです。

CHECK POINT

□1 理想的な取引環境の前提条件が満たされているときに，生産者側に対して参入規制を行うと，死荷重が発生します。

□2 生産者側に対して参入規制が行われることにより，消費者と新規参入を希望する企業が損をするのに対して，既存企業は得をします。しかし前者の損のほうが後者の得よりも大きいため，全体で見ると損していることになります。つまり参入規制によって死荷重が発生します。

3　税金と補助金

課税の目的

　私たちは生活する上でさまざまな税金を納めています。例えば，働いて給料を受け取ると所得税を支払う必要があります。また，財・サービスを購入する

ときには消費税を納めます。他にも，ガソリンにかかる特別な税金やホテルに宿泊することに対して課される税金もあります。

国や自治体が税金を徴収するのには**二つの理由**があります。一つ目は，政府が**公共サービスを行うために必要な支出を賄うために課税する**というものです。こちらはわかりやすいですね。

もう一つは，人々の自由な選択に任せておくと人々の行動が最適ではなくなる場合，より正確にいうと，社会全体を考えたときに，人々の行動が過剰になってしまう場合に，**行動を抑制するために必要**だから課税するというものです。

所得税や消費税は前者に該当しますし，温室効果ガス削減のために導入されている環境税などは後者に該当するでしょう。

しかし特定の税金について考えたときに，どちらか一方だけの理由で説明できるとは限りません。例えばタバコに対して課されている税は，税収をあげることと喫煙による健康被害を減らすことの両方が目的だと考えられます。また，時代の変化により課税の目的が変化することもあります。例えば相続税は，日露戦争における戦費調達のために創設されました。つまり，収入をあげることが目的でした。しかし今日では，格差の是正や富の再分配の観点から重要な税金だと考えられています。

税金の影響を分析する際に注意が必要なのは，その税が従量税なのか，それとも従価税なのかという違いです。従量税とは取引1単位あたりについて一定の金額が課される税です。例えば，ビールならば350ミリリットルあたり70円の酒税が課されています（2021年1月現在）。これに対して従価税とは取引金額に対して課される税であり，何％といった割合で表されます。こちらは消費税などを考えればよいでしょう。

生産者に課される従量税

以下では従量税を課すことにより，**消費者と生産者の行動がどのように変化する**のかを見ることにします。

まずは**生産者側に課税する場合**を考えましょう。図5.6の左側は，課税がない場合の市場を表しています。次に，取引が成立したときに，生産者側が1個あたり一定の納税をすることを政府が義務付けると，需要曲線は変化しませんが，右側の図のように**供給曲線が課税額の幅だけ上に移動**します。

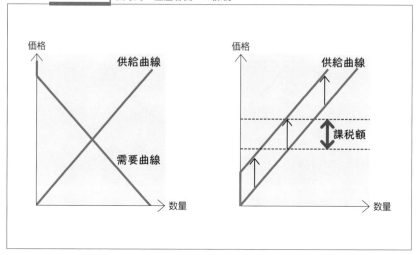

これはなぜでしょうか？ まず市場全体の供給曲線とは，個々の生産者の供給曲線を横に足し合わせたものでした。そして個々の生産者の供給曲線とは，生産にかかる機会費用の大きさによって決まりました。

ここで生産1単位あたり一定額の税金を政府に納める必要があるということは，生産に必要な機会費用がその分だけ上昇するということです。原材料費や人件費などに加えて，新たに税金も支払う必要があるからです。よって供給曲線が課税額の分だけ上に平行移動することになるのです。

数値例も考えてみましょう。まず売り手と買い手が1対1の単純な取引を想定します。取引対象の財は，例えばペットボトルのお茶としましょう。ここで，
- 売り手は，80円以上なら売る
- 買い手は，150円以下なら買う

場合には，うまく80円と150円の間で取引価格が決まれば，売買が成立します。例えば120円で取引するとしたら，売り手は，この金額以上なら売ってもよいというギリギリの金額である80円がその人にとっての価値になるので，取引により40円の余剰を得ることになります。

しかし，取引1個あたり100円を売り手が政府に納税しなければならなくなったとしたらどうでしょうか？ 取引をする場合には，売り手は，80円の価値を持つ財を手放すだけでなく，別に100円を納税する必要があるので，それらを合計した180円以上でなければ財を売ろうとはしなくなります。そしてこの

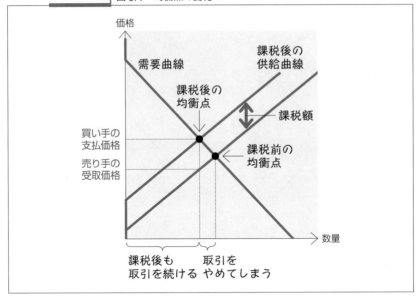

CHART 図5.7 均衡点の変化

価格

需要曲線

課税後の
供給曲線

課税後の
均衡点

課税額

買い手の
支払価格

課税前の
均衡点

売り手の
受取価格

数量

課税後も
取引を続ける

取引を
やめてしまう

とき，買い手が支払える上限の150円を超えてしまっているので，取引は成立
しません。このように課税によって，取引をやめてしまう人が出てくることに
なります。

　それでは均衡点の変化を見てみましょう。図5.7では，課税前の均衡点と課
税後の均衡点が描かれています。つまり課税されることによって均衡点が図の
左上に移動しています。これは，まず税金の支払いが必要になって取引をやめ
てしまう人たちが出たこと（＝取引量の減少），そして買い手の支払価格が上昇
したことを意味しています。

　ただし注意が必要なのは，課税がある場合には，消費者が支払った金額と生
産者が実際に受け取ることができる金額との間には，税額分だけの差があると
いうことです。それにより，消費者の支払価格は課税前よりも増加しているも
のの，生産者にとっての1個あたりの受取価格は課税前よりも減少しています。

　もう一点注意すべき点は，課税前の価格と課税後の価格（＝買い手の支払価
格）を比較すると，課税額ほどには支払価格が上昇していないということです。
このことは図5.7において課税前の均衡点に対応する価格と買い手の支払価格
の差を見ることで容易に確認できます。

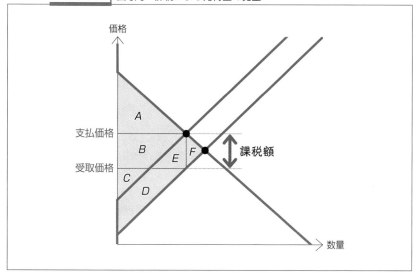

CHART | 図5.8　課税による死荷重の発生

課税による余剰の変化

　次に課税により総余剰がどのように変化するのかを考えましょう。ただし注意しなければならないのは、これまでのように消費者と生産者だけが登場人物ではなく、政府についても考える必要があるという点です。

　図5.8では、課税されたときの消費者余剰がAの領域、また生産者余剰は$B+C$となっています。そして政府の税収は$D+E$です。なお、課税により供給曲線が平行移動していることに注意すると、生産者余剰の位置と税収の位置を入れ替えて、生産者余剰を$C+D$、また政府の税収を$B+E$と考えることもできます（BとDが同じ面積であることに注意してください）。

　このように課税がある場合には、**総余剰である$A+B+C+D+E$は、消費者と生産者と政府の間で分配されていて**、それぞれ消費者余剰（A）、生産者余剰（$B+C$）、税収（$D+E$）となっているのです。そして課税がない場合と比較して、結果として取引量が減っていることから、図のFの面積に相当する**死荷重が発生しています**。これは交換の利益がある取引機会が存在しているのに、それが実現しなくなることが原因です。

　ここからわかるのは、まず政府の活動を行うための資金調達が目的で市場の取引に対して課税をする場合には、それにより死荷重が発生するという弊害を

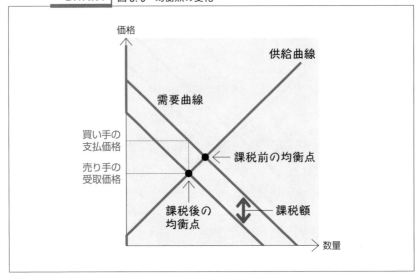

伴うということです。一方で，何らかの理由で市場における取引を抑制したいと政府が考えている場合には，課税は取引抑制のための有効な手段であるといえます。この点については，外部性を扱う第8章で検討することにしましょう。

消費者側への課税

　ここまでは従量税を生産者側に課す場合を考えてきましたが，従量税を消費者側に課すとしたら何が変わるのでしょうか？ ここでは取引が終わった後に，消費者が政府に対して定められた金額を納税しなければならないとします。

　さて，消費者に対して課税をする場合には，供給曲線は移動しませんが，需要曲線が実質的には税額分だけ下に移動すると考えることができます。このことを図5.9を使って確認してみましょう。

　まず需要曲線の高さとは財・サービスに対する消費者の評価額であり，これは支払ってもよいと思う上限の金額だと言い換えることができました。そして消費者の視点からは，トータルで支払う金額が同じであれば，そのお金が売り手のものになろうが政府の税収になろうが関係ありません。

　したがって，例えば商品を一つ購入すると政府に1000円の税金を支払う必要があるとき，この商品の価値が1万円相当だと考えている消費者が売り手に対して支払ってもよいと考える上限の金額は，1万円から課税額分を引いた

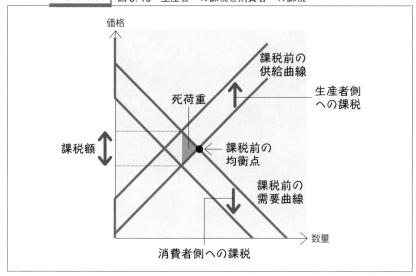

CHART 図5.10 生産者への課税と消費者への課税

価格

課税前の
供給曲線

生産者側
への課税

死荷重

課税額

課税前の
均衡点

課税前の
需要曲線

消費者側への課税

数量

9000円になるはずです。これが課税額だけ需要曲線が実質的に下に移動する
ということの意味です。

　したがって，課税前と課税後を比較すると，均衡点は図の左下に移動するこ
とになります。

　この結果を，先ほどの生産者側に課税するケースと比較してみましょう。実
は，**消費者に課税する場合でも生産者側に課税する場合でも，課税額が同じであ
れば，消費者余剰と生産者余剰，税収，死荷重の大きさはすべて同じになります**。
このことを理解するためには，生産者側に課税した場合の図5.7と消費者側に
課税した場合の図5.9を重ね合わせてみるとよいでしょう。そのようにして作
成した図5.10を見ると，例えば死荷重の大きさは完全に一致することがわか
ります。余剰や税収についても一致していることを確認してみてください。

従 価 税

　従価税とは，取引価格に応じて何%というかたちで税額が決まる課税方式で
す。例えば，日本に消費税が初めて導入された1989年の時点では，消費税率
は3%でした。従価税が課されていない状態からこのように従価税が導入され
ると，市場に対してどのような影響を与えるのでしょうか？

　消費税は消費者側が負担するものですが，以下では3%の従価税を生産者側

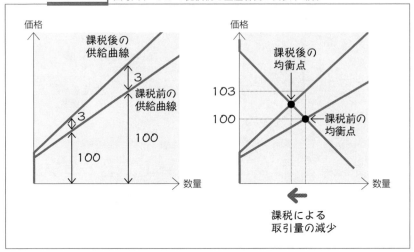

（左図）価格 数量

課税後の供給曲線
課税前の供給曲線
3
3
100
100

（右図）価格 数量

課税後の均衡点
課税前の均衡点
103
100

課税による取引量の減少

が負担するケースを考えてみましょう。図5.11の左側は，少し大げさに描いていますが，従価税が導入される前の供給曲線と導入後の供給曲線が描かれています。このように取引が成立したら価格の3%分の税金を生産者が政府に納めなければならないとすると，供給曲線がその分だけ上に移動します。

　ただしその移動の仕方は，従量税のときとは異なります。これまでの供給曲線の高さを100としたら3だけ上に移動するからです。つまり平行移動するのではなく，元の供給曲線よりも傾きが急になることに注意してください。

　このとき図5.11の右側にあるように，課税後の均衡点は，元の均衡点の左上に位置することになります。そして課税により取引量が減少することから，従量税の場合と同じく，死荷重が発生します。このとき課税による余剰の変化について，消費者余剰，生産者余剰，税収，そして死荷重が図のどの部分に相当するのか，皆さんで実際に図を描いて確認してください。

　また従価税を消費者が支払う場合はどうなるかについても考えてみましょう。従価税の場合も，従量税のケースと同じく，生産者と消費者のどちらが税金を支払うとしても，結果的に実現する余剰の大きさは同じになります。

　最後に従量税の場合と同様に，従価税の導入が均衡価格に与える影響について見ておきましょう。図5.11の右側にあるように，課前の均衡価格が100円だったとします。注目している財・サービスの市場が理想的な取引環境の前提条件を満たしていて，また価格が連続的に選べるなら，3%の消費税が導入

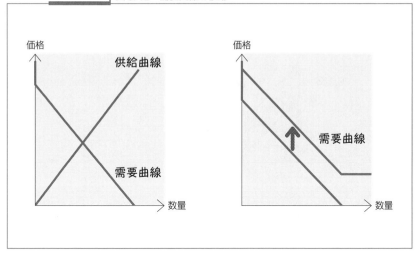

された場合には，課税後の均衡価格は 103 円にはなりません。図からもわかるように，価格が 103 円だったとすると超過供給が発生してしまい，このとき価格が低下する圧力が働くため，結果として 100 円と 103 円の間の価格になるのです。

補 助 金

続いて補助金の影響を考えてみることにしましょう。**取引に対して補助金を出すことは，税金を課すのとは逆の影響をもたらします。**税金の場合には，取引が成立すると政府に対してお金を支払う必要があるのに対して，補助金の場合には，お金をもらえるからです。したがって，課税の場合とは反対に，補助金が支出されると取引量を増やす効果があります。

以下では，ある財・サービスの取引に対して，**一定額の従量補助金が消費者側に対して支払われる場合**を考えてみましょう。

まず補助金がない場合の需要曲線と供給曲線が図 5.12 の左側だったとしましょう。そして消費者に対して，一定額の補助金が支払われる場合には，供給曲線は不変ですが，**需要曲線が図の右側のように，補助金分だけ上に平行移動する**ことになります。なぜなら需要曲線の高さとは，消費者が考える財・サービスの価値を表していたわけですが，取引が成立すると一定額の補助金をもらえるのであれば，その分だけ消費者にとっての財・サービスの価値が上昇したの

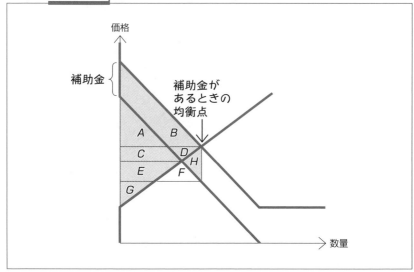

と同じことだからです（商品のパッケージの中に金券が入っている状況を想像してみてください）。

補助金による余剰の変化

それでは均衡点の変化を見てみましょう。まず図 5.13 では，補助金制度を導入する前の均衡点と導入後の均衡点が描かれています。**補助金によって，均衡点が右上に移動する**ことがわかります。

次に政府が補助金を支出したことにより消費者余剰，生産者余剰，そして総余剰がどのように変化したのかを見ることにしましょう。図 5.13 を見ると，まず消費者余剰は，$A+C$ から $A+B$ に増加しています。これは C よりも B の領域のほうが面積が確実に大きいことからわかります（図の平行四辺形 $B+D$ $+H$ と長方形 $C+D+E+F+H$ は面積が同じなので，共通部分を除いた B と $C+D+E$ $+F$ も面積が同じです。よって B のほうが大きくなります）。

次に生産者余剰は，これも $E+G$ から $C+D+E+G$ へと増加しています。つまり消費者余剰と生産者余剰を合計すると，補助金を与える前は $A+C+E$ $+G$ だった余剰が $B+D$ の分だけ増加しているのです。

これは生産者余剰も消費者余剰も増えているために望ましいことだといえるでしょうか？ しかし実は**総余剰は減っている**のです。このことを確認してみま

しょう。

　まず政府が支払う補助金の総額は補助金額に取引量をかけた $B+D+H$ の面積です。したがって，補助金がある場合の総余剰を計算すると，

$$(A+B)+(C+D+E+G)-(B+D+H)=A+C+E+G-H$$

となり，H の面積分だけ補助金導入前よりも余剰が減っているのです。つまり**死荷重が発生しています。**

　これは消費者余剰と生産者余剰の合計を 100 万円増やすために，政府が 120 万円の補助金を出しているような状態です。もったいないですね。それなら，120 万円を直接的に消費者に配ったほうがましです。なぜこのようなことになるのでしょうか。図の H の面積に相当する余剰はどこに消えたのでしょうか？

┃ 非効率が発生する理由とは？ ┃

　このことを理解するのには，第 4 章第 4 節の図 4.12 が参考になります。そこでは，均衡取引量よりも追加的に一つだけ多く取引を成立させようとすると，生産にかかる追加的な機会費用よりも，その新たに生み出された財に対する消費者の評価額のほうが低いために，交換の不利益が発生してしまうことを説明しました。

　補助金を与える場合についても，補助金がなければ行われなかった取引が補助金目当てで実現してしまうこと，それにより交換の不利益が生まれることから，死荷重が発生してしまうのです。

　ここまでの話からわかったことは，理想的な取引環境で取引が行われている場合には，交換の利益を最大限に実現するという目的からは，課税と同様に，補助金を与えることも正当化されないということです。しかし取引が理想的な取引環境の前提を満たしていない場合には，補助金を支払うことが社会的に望ましいこともありえます。これについても第 8 章で説明します。

　なお課税のケースと同様に，消費者側に補助金を出しても生産者側に補助金を出しても実現する結果は同じになります。この点についても，実際に図を描いて確認してみましょう。

□1 国や自治体による課税は，公共サービスを行う資金を得るために行われる場合と，特定の取引や行動を抑制するために行われる場合とがあります。

□2 理想的な取引環境において課税が行われると，取引量が減少し，死荷重が発生します。

□3 課税が消費者側に行われる場合でも生産者側に行われる場合でも，実現する消費者余剰，生産者余剰，税収，そして総余剰は同じになります。

□4 補助金は，課税するのとは逆の影響を取引に対して与えます。理想的な取引環境において補助金が与えられると，取引量が増加しますが，結果として死荷重が発生してしまいます。

EXERCISE ●確認・練習問題

【確認問題】

5.1　価格の上限規制と参入規制について，教科書で扱った以外の具体例を探してみましょう。

5.2　ある財の取引が理想的な取引環境で行われているとします。そして需要曲線は右下がりで供給曲線は右上がりである状況を考えます。ここで生産者に対して取引1単位あたり100円の課税を行ったとします。このとき消費者が支払う価格はどのくらい増加するでしょうか。

　　①0円　②0円より大きく100円未満　③100円　④100円よりも大きい

5.3　この章で扱った価格規制や参入規制以外に，円滑な取引を阻害してしまい死荷重を生み出してしまうと思われる規制にはどのようなものがあるでしょうか？　探してみましょう。

【練習問題】

5.4　「空振り」ではない最低賃金制度があるとき，死荷重が発生することを図を使って説明しなさい。

5.5　一定の税収を上げることを目的としている場合に，必需品と贅沢品のどちらに課税するべきなのでしょうか？

　　ここで必需品とは，価格が変わっても需要量が大きくは変化しない財のことであり，需要曲線の傾きが急な財であるとします。反対に贅沢品とは，価格が変化したときに需要量が大きく変化する財であり，需要曲線の傾きは相対的に緩やか

であるとします。

　課税に伴う死荷重の大きさをできるだけ小さくするという観点から，どちらに課税すべきか考えてみましょう。

5.6　ガソリンには従量税が課されています。ガソリンの価格が高騰しているとき，消費者の負担を軽減するためには，価格の上限規制をするよりも減税をすることのほうが望ましいことを需要と供給の図を用いて説明しなさい。

Column ⑯　機会費用を考える

　現在，日本で新薬を販売しようとするときには，一定の手続きに従って医薬品の承認審査を受ける必要があります。

　このような規制はなぜ必要なのでしょうか？　それは製薬会社が販売しようとする新しい薬に，どのような効果があるのか，また副作用がないのかを確認することで，国民の健康と安全を守ることが求められているからです。

　それでは，この承認審査では，どの程度の精度の検査をすべきでしょうか？　**副作用が発生しないことを 100% 確認できるまでは販売を認可しないというのが最善の基準なのでしょうか？**

　ここで大切なのが，**機会費用をきちんと考える**ということです。薬害をなくすためには，事前に 100% 安全だといえる水準まで検査をすべきかもしれません。しかし 99% 安全だとわかったとしても，そこから 100% に到達するまでには，途方もなく長い時間がかかる可能性があります。

　ほぼ確実に効くとわかっている薬が認可されないと，この薬が使えないために，病気を治すことができない人が多く存在することになります。そして患者さんの中には「ほんの少しのリスクがあってもよいから，ぜひその薬を使いたい」と思う人もいるでしょう。このように考えると，100% よりも低い承認基準を設定することが正当化される可能性があります。これは二つの物事にトレードオフの関係があるとき，普通はどちらか一方だけが完全に優先されることは少ないことからも予想されることです。

　価格の下限規制の例として最低賃金制度について説明したときにも似たようなことがありました。最低賃金を引き上げることや，医薬品の承認審査において厳しい基準を設けることなどは，一見すると私たちのためになる良い政策のように思えます。しかし実は，その背後で見えない費用が発生する可能性があるのです。このようなわかりにくい影響についてもきちんと検討した上で，どのような政策が望ましいかを選択することが政府には求められています。

　いま注目している財・サービスの市場が理想的な取引環境の前提条件を満たしているとしましょう。この市場において課税をすると，死荷重が発生してしまうことになります。例えば1億円の税収を得るために3000万円相当の死荷重が発生したとしましょう。これは悪いことなのでしょうか？

　それは集めた税金をどのように使うのかによって決まります。例えば，集めた1億円の税金を使って，政府が1億5000万円相当の価値をもたらす公共事業を実施するとしたら，これはよいことだといえるでしょう。

　第3節での議論は，課税することが望ましくないと主張しているわけではないことに注意してください。政府が有益なことを行うために課税すること自体は必要なことではありますが，それに伴う死荷重の発生という問題をきちんと認識することが必要だという点が重要なのです。

第 3 部

市場の失敗と政府の役割

PART 3

第**6**章

市場の失敗と政府の役割

どのようなときに市場取引への介入が必要なのか？

価格理論

ゲーム理論

© 2021 Ryoko Takahashi

INTRODUCTION

　この章では，理想的な取引環境の前提条件が満たされていないために，人々が取引を円滑に行うことが難しい状況である「市場の失敗」について説明します。市場の失敗には，(1) 不完全競争のとき，(2) 外部性があるとき，(3) 公共財のとき，(4) 情報の非対称性があるとき，そして(5) 取引費用が大きいときという5種類があります。これらを簡単に説明した上で，個々の失敗について，政府がどのような規制や介入を行う必要があるのかを紹介します。

1 市場の失敗とは？

理想的な取引環境の前提条件

　これまで，理想的な取引環境においては，市場における自由な取引を通じて，交換の利益が最大限に実現されるということを説明してきました。

　具体的には，理想的な取引環境において，まず個々の売り手や買い手がどのように振る舞うのか，またどのように相場の価格が決まるのかを学びました。そして，生産者や消費者が自分の利益だけを考えて自由に取引を行うことで交換の利益が最大限に実現されるということ，また一見すると困っている人の助けになると思われるさまざまな規制（価格規制や参入規制など）が結果として交換の利益を減らしてしまう場合があること（＝死荷重の発生）を見てきました。

　さて第3部では，人々の間で自由な取引が行われているときに，交換の利益が最大限には実現されない状況を考えていきます。そして，このようなときには，市場における個別の取引行為に政府が介入することで，社会全体をより豊かにできる可能性があることを説明します。

　第3章第1節で学んだ内容の繰り返しになりますが，まずは理想的な取引環境とはどのような状況なのかを再確認しておきましょう。

　特定の財・サービスに注目したときに，それが理想的な取引環境で取引されているとは，

1. その財・サービスを取引する市場が存在している。
2. その財・サービスの品質（自分にとっての価値や生産にかかる費用についての情報）を売り手と買い手の双方がそれなりによく知っている。
3. 売り手と買い手が多数存在するために，取引が相場の価格で行われている。
4. 取引の相手を探すことや取引条件を交渉するといった，取引に付随する手続きは，無視できるくらいの低コストで円滑に行われている。
5. その財・サービスの取引が，取引参加者以外の第三者に対して直接的に良い影響や悪い影響を与えることがない

状況のことでした。

そして，ここで挙げた五つの前提条件のどれか一つでも満たされていない場合に，市場の失敗があるといいます。

▎市場の失敗

市場の失敗があるときに人々の自由な取引が行われると，交換の利益が最大限には実現できない可能性があります。具体的には以下のような状況です。

1. そもそも市場が存在しない場合（→外部性がある場合(1)，公共財の場合）
2. 売り手と買い手の間で，どちらか一方だけが知っている情報がある場合（→情報の非対称性がある場合）
3. 取引が相場の価格で行われていない場合（→不完全競争の場合：独占や寡占など）
4. 取引が円滑に行われていない場合（→取引費用が大きい場合）
5. 注目している財・サービスの取引が第三者に直接的に影響を与える場合（→外部性がある場合(2)）

なお現実の経済活動では，**複数の失敗が同時に発生**することもありますが，以下では，一つずつ順を追って見ていくことにします。つまり，理想的な取引環境をベンチマークとして，五つの前提条件のうちの一つだけが成立していない状況であり，それ以外はすべて満たしているケースを考えることにします。そうすることにより，理想的な取引環境の前提条件のうちのどの要素が欠けるとどのような影響があるのか，またどのような対策が必要となるのかが理解しやすくなるからです。

さて，これから第7章から第11章にかけて，市場の失敗の個々の要素について詳しく検討していきますが，その前に，次節では，それぞれの内容を簡単に紹介しておきましょう。その際には，これまでの説明とは順番を入れ替えて，不完全競争の場合，外部性がある場合，公共財の場合，情報の非対称性がある場合，そして取引費用が大きい場合という順番で紹介することにします。

CHECK POINT

- [ ] 1 市場の失敗の原因には，市場がない場合，情報の非対称性がある場合，不完全競争の場合，取引費用が大きい場合，取引が第三者に対して直接的に影響を与える場合の5種類があります。
- [ ] 2 現実の経済活動では，複数の失敗が同時に発生することもあります。

市場の失敗と政府による介入の例

不完全競争

これまで学んできた理想的な取引環境の場合には，売り手も買い手も価格だけを見て，どのくらい作るか，またどのくらい買うかを決めていました。そしてもっと高く売りたいとか安く買いたいと思っても，相場の価格でしか取引できない状況を考えました。

これに対して，**取引が相場の価格で行われていない状況**のことを不完全競争といいます。これは，消費者側か生産者側のどちらか（または両方）の人数が限定されているために，自分の選択によって**自分が直面する価格を変えることができる**ような**登場人物が少なくとも一人は存在する**ということを意味しています。

そして買い手側は無数にいるが売り手が一人しかいない状況を，売り手の独占状態，また複数の売り手がいても，人数が限られているために価格に影響を与えることができる状況のことを売り手の寡占状態といいます。反対に，買い手が独占や寡占の場合もあります。

ただし寡占のケースについては，第12章で紹介するゲーム理論についての知識が必要なため，より進んだ教科書で学ぶことにして，この教科書では売り手側が独占のケースに絞って扱うことにしましょう。

それでは売り手側が独占の場合に，政府はどのように市場への介入を行うのでしょうか？

まず，注目している財・サービスの取引が相場の価格で行われていない場合には，**社会的に望ましい水準よりも取引が過少になってしまう可能性**があります。売り手側に価格を決定する力があるとき，利益を増やすために高い価格を付けようとするからです。このとき交換の利益を最大限に実現させることを目的として，特定の財・サービスの**取引価格を政府が規制する**ことや**価格設定を認可制**にすることがあります。

例えば，サービスの供給者側が，その産業の性質として独占状態になりやすい場合（これを自然独占といいます）には，料金設定に政府の認可が必要とされています。具体的には，バスや鉄道等の公共交通機関の料金決定には政府の認

可が必要であり，企業側が自由に決定することはできません。

このような問題については第7章で学びます。

外部性がある

次に外部性がある場合について考えてみましょう。これには二つのケースが存在します。一つ目は，人々の行動が他の人に良い影響や悪い影響を直接的に与えるにもかかわらず，そのような影響を与えること自体を**取引する市場が存在しない場合**です。

例えば，家が密集している地域において，ある人が深夜に大音量で音楽をかけると，周囲の住民に迷惑をかける可能性があります。これに対して，仮に深夜に音楽をかける権利のようなものが市場で売買されていたとしたら，この人が周囲の住民に対して対価を支払うことで，全員が納得する結果が実現する可能性があります（詳細は第8章で扱います）。

しかし実際にはそのような「深夜に音楽をかける権利を売買する市場」は存在しません（なぜ存在しないかというと，取引費用が大きいからなのですが，この点についても詳細は第8章で説明します）。このとき音楽をかける人の受けるメリットよりも周囲の住民が受けるダメージのほうが大きい状態，つまりは効率的ではない状態になってしまう可能性があります。

それではこの問題に対して，政府はどのように対処すればよいのでしょうか？

検討に値するのは，例えば「夜の9時から朝の8時までは何デシベル以上の騒音を出してはいけない」といったような**直接的な規制**を行うことです。しかし現時点では，音響機器からの騒音のような生活騒音（他には住宅機器や設備からの騒音，ペットの鳴き声等の騒音，自動車等の騒音など）は法律による規制の対象とはなっていません。実際に行われているのは，地域ごとの独自のルール作りを支援することなどに限定されています。詳細は，例えば東京都環境局のホームページ（https://www.kankyo.metro.tokyo.lg.jp/noise/noise_vibration/daily_life_noises.html）をご覧ください。

外部性がある状況の二つ目は，注目している財・サービスの取引自体は円滑に行われていても，その生産や消費が第三者に対して直接的に影響を与える場合です。

例えば，ある財を生産する工場では，操業時にどうしても煙突から煙が出てしまうというケースを考えてみましょう。そして煙を出す権利を売買する市場は存在しないとします。

　このとき，注目している財を取引する売り手と買い手は，自分たちが得ることのできる交換の利益を最大にするような取引を行います。その際に生産者は，原材料費や人件費など，自分が負担する機会費用と市場価格とを見ながら，どのくらい生産するかを決めることになります。

　しかし実際の生産活動の際に失われているのは，原材料や労働力だけではありません。実はきれいな空気という財も同時に失われているのです。しかしそれを取引する市場が存在しないのであれば，生産者側は対価を支払うことなく煙を出すことができます。これに対して周囲に住む住民は，きれいな空気という価値のある財を一方的に奪われていることになります。

　このようにある財・サービスの生産や消費に伴い第三者への影響が発生するが，それを取引する市場がない状況を考えたとき，それが悪い影響の場合には，社会的に最適な状態と比較して過剰に悪影響を発生させることになります。また反対にそれが良い影響の場合には，過少にしか良い影響が実現しません。

　このとき**政府による適切な介入**として，例えば**規制や課税による抑制**，また**義務付けや補助金の供与による推進**が行われることにより，社会的に望ましい状態に近づけることができます。

　これらについては第8章で扱います。

┃ 公 共 財 ┃

　外部性が発生する理由の一つ目として挙げたのは，注目している行動が他人に直接的に与える影響について，それを取引する市場がそもそも存在しないことでした。このように市場が存在しないために発生する市場の失敗には，もう一つ別のパターンがあります。それは注目している財・サービスが公共財であるために，普通の人や企業は，自発的にそのような財・サービスを供給しようとは考えない場合です。このとき**政府が直接的に供給**することや，**資金提供**をすることが必要になります。

　公共財とは，注目している財・サービスを**多くの人が同時に使えて**，また利用者から**その対価を直接的に徴収していない**財・サービスのことを指していま

す。例えば道路や橋，またダムは国や地方自治体の予算で作ることが多いですね。これらは誰か他の人が使ったら自分が使えなくなるわけではありません。また利用者は直接的に通行料や利用料を払うのではなく，税金などを通じて間接的に費用を負担しています。

なお，これは後で丁寧に説明しますが，ある財・サービスが**公共財である**ことと，**それに公共性があることとは必ずしも一致しないことには注意が必要**です。例えば学校教育のサービスには高い公共性がありますが，これは公共財ではありません。また娯楽番組を流す地上波のテレビ放送に公共性があるとは思えませんが，これは公共財です。

公共財については，第9章で扱います。

情報の非対称性がある

次は，情報の非対称性がある場合です。取引の当事者のうちの**一部の人が知っている情報を残りの人が知らないとき，情報の非対称性がある**といいます。そして，情報の非対称性が大きいときには，取引が円滑に行われない可能性があります。

例として，中古車を個人間で売買するケースを考えてみましょう。このとき，売り手はその車がこれまでどの程度きちんと整備されてきたかといった情報を知っていますが，買い手は知らないことが多いでしょう。このとき情報を知らない買い手は，騙されるのを恐れて取引に消極的になるかもしれません。また交渉を行う際に，より大きな利益を得ようとして強気の条件提示をしてしまい，結果として交渉が決裂することもあるでしょう。これらは仮に情報が共有されていたとするなら**実現していたはずの交換の利益が損なわれてしまう**ことを意味するため，望ましいことではありません。

他の例を挙げるなら，建築業者に家を建ててもらう際に，安全性が高い設計をしてくれるか，また手抜きをせずに工事をしてくれるかがわからないとしたら不安ですね。このような場合に家を建てるのをあきらめてしまうかもしれません。そこで，**建築士などの資格制度や建物の認証制度を私的・公的に導入する**ことが有益となるのです。

このような情報の非対称性については第10章で扱います。

最後に取引費用が大きい場合を考えてみましょう。例えば取引相手を見つけることや，取引の現場まで移動することに大きな費用がかかるのであれば，人々は取引をあきらめてしまう可能性があります。このとき政府が取引する場所を整備したり，公共交通機関を充実させたりすることで，望ましい取引が実現しやすくなるでしょう。

また取引相手と出会えたとしても，実際に交渉をしたり，契約書を作成したりするのに大きな費用がかかるようでは，取引をあきらめてしまう可能性があります。

例えば，家を借りる際に，貸し主と借り主がゼロから詳細な契約書を作成しなければならなかったとしたら，非常に時間と費用がかかります。このような手間を避けるためにも，政府が標準的な契約のひな形を定めて公開しておくことは有益なことでしょう。

取引費用については第 11 章で扱います。

CHECK POINT

☐ 1 理想的な取引環境の前提条件が満たされていない状況を，市場の失敗といいます。

☐ 2 市場の失敗があるとき，交換の利益が最大限には実現しないため，政府による市場取引への介入が必要となることがあります。

☐ 3 市場の失敗の典型的なものとして，(1)不完全競争のとき，(2)外部性があるとき，(3)公共財のとき，(4)情報の非対称性があるとき，(5)取引費用が大きいときが挙げられます。

3 市場の失敗と政府の失敗

政府による規制や介入の根拠

前節で紹介した市場の失敗についてきちんと理解することは，政府の役割を考える上で，実はとても大事なことです。なぜでしょうか？

それは，市場における個別の取引に対して政府が規制や介入をする場合には，ここで挙げた市場の失敗のうちのいずれかの問題が存在していることが必要とな

るからです。つまり政府による市場への規制や介入が本当に必要なのか，また現在の内容が適正か否かを検討する際には，とりあえずはここで挙げた市場の失敗の考え方で説明できるかどうかを考えてみる必要があります。もし市場の失敗のどの理由でも説明のつかない規制や介入が行われているとしたら，それはやってはいけない規制・介入である可能性が高いといえます。

　まずは市場の失敗というレンズを通して政府の役割を見る。これがミクロ経済学で市場と政府の役割分担について考える際の基本的なアプローチなのです。

　いくつか例を挙げてみましょう。例えば，日本では小学校から中学校までが義務教育とされています。義務教育とは，保護者が子どもに普通教育を受けさせる義務を負うという制度です（憲法第26条第2項）。これはどのように考えれば政府による規制として正当化できるでしょうか？　教育を受けたい人（正確には子どもに教育を受けさせたい人）だけが，自分のお金で教育サービスを購入するというのでは，なぜいけないのでしょうか？　ぜひ考えてみてください。

　日本には，他にもさまざまな規制が存在します。例えば生活道路における自動車の速度制限は，多くの場合に時速30キロメートルまでとされていますが，なぜこのような規制があるのでしょうか？　また，なぜ20キロメートルでも40キロメートルでもなく，時速30キロメートルなのでしょうか？　これらについて考えるためには，第2章第3節で説明したトレードオフの考え方を用いる必要があります。

　まず速度制限があること自体は，第8章で学ぶことになる外部性で説明できます。自動車でスピードを出しすぎると事故を起こす可能性があり，またそれにより自分が怪我をするだけでなく他人に被害を与えることが考えられます。

　速度制限の水準については，例えば時速40キロメートルだと移動や物流は円滑になりますが交通事故で重傷を負ったり死亡したりする確率が高くなります（2008年のWHOの資料では死傷確率は40％程度）。これに対して時速30キロにすると移動や物流に時間がかかることになりますが事故による被害を大幅に軽減できます（死傷確率は10％程度）。そして，速度制限を20キロにしても死傷確率はほとんど減少しません。もちろん速度制限をゼロにする，つまり自動車の運行を禁止してしまえば死傷者はゼロにできますが，社会や経済に与える悪影響は非常に大きなものになるでしょう。このとき全体のバランスを見て，速度制限を時速30キロとすることが正当化できそうです。

CHART 図6.1 左右の軸

完全統制経済　　　　　　　　　　　無政府状態

　なお市場に問題があれば常に政府介入が必要であるとは限らないことには注意が必要です。例えば，裸眼での視力が2.0でなければ全員がメガネやコンタクトレンズを使う必要があるかといったらそうではありません。それは，だいたい視力が1.2くらいあれば普通の生活に不便はないこと，また，メガネを作るのには費用がかかりますし，メガネをかけると圧迫感があるとか視界が狭くなるなどのデメリットもあるからです。よって視力を矯正することのメリットとデメリットを比較検討して，メリットのほうが大きい場合にのみメガネをかけることが望ましいと考えられます。

　市場の失敗がある場合でも，同じことです。介入のメリットと，介入に伴うデメリットとのバランスを考えて，取引への介入が本当に必要なのかを検討する必要があります。つまり規制を考える際には，**市場の失敗と政府介入に伴う弊害**（これを**政府の失敗**といいます）**の比較検討**が求められるのです。

完全統制経済と無政府状態

　市場と政府の適切な役割分担を考えるために，簡単な思考実験をしてみましょう。まず完全統制経済と無政府状態という，とても極端なケースから考えることにします。図6.1では完全統制経済を左端に，そして無政府状態を右端に配置しました。

　まず完全統制経済として，誰がどのような仕事をするのかや何を食べるかなどをすべて政府が決定し，必要な生活物資は配給されている状況を考えます。このような環境で生きることは，とても不自由だと感じるのではないでしょうか？　毎日の食事で何を食べるのか，またどのような服を着るのかまですべて政府に指示されるような生活は嫌だと考える人が多いはずです。

　このように図の左端の完全統制経済を出発点として考えたとき，どのような行為については人々の自由な選択に任せても問題ない，または任せたほうがよいのかを考えることができます。

　反対に，無政府状態ではどうでしょうか？　これは財産権も所有権も契約も

守られない状況であり，暴力で他人の持ち物を奪い取ってもかまわない世界です。奪われたくなければ，自力で守らねばなりません。さすがにこれが望ましいと思う人はいないでしょう。そこで第1章第6節で政府の役割の一つ目として挙げた「所有権の確保や契約の履行といった市場取引の基盤整備を行うこと」が重要になるわけです。

このような**右端の無政府状態を出発点**としたときにも，どの程度の政府の介入が必要なのかを考えることができます。

おそらく誰が考えたとしても，またどちら側からスタートしたとしても，**両極端ではなく図の中程が望ましい**という結論になるでしょう。もちろん人により好みの違いがあり，望ましいと考える社会の姿に差はあるでしょうが，両極端ではなく，中間の一定の幅の中に収まるだろうという点が重要です。

この教科書では，交換により生み出される利益を最大限に実現させるという目的を達成するために必要な市場と政府の適切な役割分担を考えることをミクロ経済学における課題としています。そのためには**自由な経済活動と政府による規制の間で，適切なバランスがとられていること**が大事なのです。

CHECK POINT

□ 1 市場における自由な取引に対して政府が規制や介入をする場合には，市場の失敗のうちのいずれかの問題が存在していることが，規制の根拠として求められます。

□ 2 規制の是非や内容を考える際には，市場の失敗と政府の失敗の間の比較検討が求められます。

□ 3 無政府状態や完全統制経済といった両極端なケースを望ましいと思う人は少ないはずです。したがって，市場と政府の適切な役割分担について考える必要があります。

EXERCISE ●確認・練習問題

【確認問題】

6.1 第6章では，市場の失敗の典型的なものとして，不完全競争・外部性がある・公共財・情報の非対称性がある・取引費用が大きいという五つのパターンを紹介しました。これらのような市場の失敗があるとき，人々の間で自由な取引が行われることでは総余剰が最大化されません。

(1) それぞれのパターンに当てはまる具体例を，身近な生活の中で探してみま

しょう。本書で取り上げたものとは別のものを見つけられるでしょうか？

(2) 見つけた具体例を使って，政府による取引への介入が実際にどのようなかたちで行われているか（または行われていないか）を考えてみましょう。

6.2　完全統制経済と無政府状態という極端なケースについて，それぞれどのような問題があるのかを考えてみましょう。

(1) 完全統制経済を考えたときに，あなたが「人々の自由な選択に任せたほうがよい」と考える行為にはどのようなものがあるでしょうか？　具体的に挙げてみましょう。またその理由も説明してみましょう。

(2) 無政府状態を考えたときに，あなたが「政府による介入が必要だ」と考える事項にはどのようなものがあるでしょうか？　具体例を挙げて，その理由を説明してみましょう。

Column ⑱　政府の失敗

第6章では政府の失敗について簡単に紹介しましたが，その具体的な中身について考えてみましょう。

政府の失敗はなぜ発生するのでしょうか？　その理由には，政府に適切な政策を選択する**意欲がない**こと，そして適切な政策を選択する**能力がない**ことの二つが考えられます。

前者の「意欲がない」ことの例として，政治家や公務員が国民全体のためではなく，一部の国民や自分たちの利益のために政策を選択する場合などがあります。例えば，政治家は次の選挙でも当選するように，自分の地元への利益誘導をするかもしれません。また公務員は自分の昇進への影響を考えて，上司や先輩が立案した政策に対して異論を唱えないかもしれません。

また後者の「能力がない」ことの例としては，政府機関が民間の情報を収集しようとしてもその正確さには限度があることや，政治による意思決定プロセスには一定程度の時間がかかってしまうことなどが考えられます。

これらのような問題があるとき，仮に市場の失敗があったとしても，政府による介入によって総余剰をさらに減少させてしまう可能性があります。

このとき重要なのが，**政治家や公務員に対して適切な動機付けを行うこと**，つまりインセンティブについて考えることです。また政府の能力とその限界についてきちんと理解した上で，**市場と政府の役割分担を考えること**も大切です。

Column ⑲　市場の失敗と個人の失敗

　多くの教科書では，市場の失敗を説明する際に，不完全競争，外部性，公共財，そして情報の非対称性の4種類について説明することが多いのですが，この教科書では，政府の役割について理解しやすいように，取引費用が大きい場合というのも市場の失敗の一例として説明しています。

　ところで人々の取引や活動に対して政府が規制や介入を行うのは，実は市場の失敗がある場合だけではありません。**個人の失敗**に対応するための規制なども存在しています。

　例えば，未成年の飲酒や喫煙が法律で禁止されているのは，お酒やタバコが健康を害する恐れがあること，その害は体が未成熟な子どもにより大きく発生すると考えられること，そして子どもには適切な判断力がないことなどが理由だと考えられます。

　また人間は確率の計算が苦手であること，自信過剰になりがちであること，そしてイヤなことを先送りする傾向があることなどから，ギャンブルの規制や借金できる金額の規制なども存在します。

　最近は，このような人間が持つ意志の弱さや非合理性なども行動経済学として正面から取り上げて考察されていますが，本書では，まずは**それなりに合理的な人**を対象として考えることにしましょう。

　例えば1000円札と500円玉のどちらかをあげるから選べといわれたら，多くの人は1000円札を選ぶでしょう。そのほうがより多くの財・サービスを買えるからです。これに対して例えば3歳児なら「キラキラしているから！」という理由で500円玉を選ぶかもしれません。合理的であるとは，このように，その時点で主観的な満足度が高い選択をすること，そしてなぜそのような選択をしたのかを他人に説明できるといった程度のことを意味しています。

CHAPTER

第 **7** 章

独　占

独占はなぜ問題なのか？

© 2021 Ryoko Takahashi

INTRODUCTION

　この章では，市場における取引が相場の価格では行われていない不完全競争の一例として，生産者側が独占のケースを扱います。独占が問題となるのは，独占企業が儲けすぎているからではありません。独占企業が自社の利益を増やそうとして選択する価格や生産量の下では，交換の利益が最大限には実現されなくなる，つまり死荷重が発生してしまうことが問題なのです。この問題に対処するために，政府がどのような規制・介入を行うのかを理解しましょう。

1 独占とは？

不完全競争

　以下では，市場の失敗の一類型である不完全競争について考えます。不完全競争とは，わかりやすくいえば，**特定の財・サービスの取引が相場の価格では行われていない状況**のことを指しています。

　第2部で学んだ理想的な取引環境の条件が満たされている状況下では，市場価格は与えられたものとして，売り手も買い手も自分の行動を決めればよいと説明しました。これに対して，不完全競争の場合には，売り手か買い手の少なくともどちらかが価格に影響を与える力（これを価格支配力といいます）を持っている状況を考えることになります。

　不完全競争の状況は，二つの基準により分類できます。一つは**売り手と買い手のどちらが価格支配力を持つのか**という基準であり，もう一つは**そのような力を持つ人や企業が何人いるのか**という基準です。

　一つ目の基準については，まず売り手側だけに価格に影響を与える力がある場合と買い手側だけに力がある場合，そして両者ともに影響力を持つケースが考えられます。

　二つ目の基準については，そのような価格支配力を持っている人や企業が一人だけのケース（独占）と二人のケース（複占），そして三人以上のケース（寡占）が考えられます。例えば，日本の携帯電話サービスは，NTT ドコモ，au，ソフトバンクの大手3社の寡占状態です。また宅配便のサービスも，ヤマト運輸の宅急便，佐川急便の飛脚宅配便，日本郵便のゆうパックの上位3社で，市場全体の94.0% を占めています（国土交通省「令和元年度宅配便等取扱実績について」）。これらは生産者側が寡占状態であるといえるでしょう。

　ただし複占や寡占について考える際に重要なのは，各企業が完全に同じ財・サービスを提供しているとは限らないという点です。例えば宅配便ならば，単純に価格が安い事業者や家から近いところに集配所がある事業者を利用する人も多いでしょうが，いずれかの企業を好んで利用する消費者もいるでしょう。また携帯電話の場合には，独自サービスの内容や取り扱っている電話機の機種

などから，いずれかの携帯電話会社を好んで選択する人もいるはずです。

このように取り扱う財・サービスに違いがあるときには，各企業は，価格を完全に自由に決められるわけではありません。確かに他社よりも少し高い価格を付けたからといって，顧客をすべて奪われるとは限りませんが，一部の客は流出することになります。これに対して，自社の製品やサービスに法外な価格を付けたとすると，これまでの利用客のうちの相当な割合が他社製品に乗り換えることになるでしょう。このような状況を製品差別化があるといいます。

┃ 生産者が独占の場合 ┃

以下では生産者側が独占の場合（これを売り手独占といいます）だけを考えることにします。

まず，なぜ複占や寡占の場合を扱わないのかというと，これらを検討するためには，独占の場合よりも複雑な戦略的思考が必要になるため，事前にゲーム理論について勉強しておく必要があるからです（ゲーム理論は第12章で簡単に扱います）。また競争が制約されることの意味については，独占について検討するだけでも，本質的なところのかなりの部分が理解できることも理由の一つです。

また，なぜ生産者側の独占を取り上げるかというと，実際に政策的な問題として観察されることが多いのは，生産者側が価格支配力を持つケースがほとんどだからです。

以下では，消費者は多数存在しているが生産者は一人（または一社）しかいない売り手独占の場合を考えてみましょう。

生産者側が独占の場合には，**価格を自分で決める**ことができます。生産者が自分一人ならば，高い価格でも低い価格でも好きなように決めればよいのです。

しかし価格を自由に決められるからといって，いくらでも高く販売できるわけではありません。自社の財・サービスを高い価格で大量に売ることができれば大儲けですが，どのくらいの価格でどの程度売れるかは消費者側の行動によって制約されるからです。

以下では，**独占企業の目的**は収入から機会費用を引いた差額である**超過利潤を最大**にすることだと考えることにします。しかしまずは費用面は置いておいて，収入面だけに注目してみましょう。

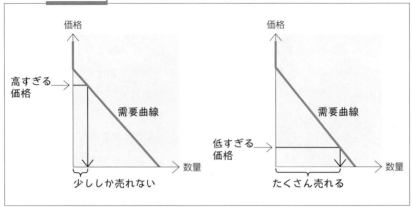

CHART | 図7.1 価格が高すぎても低すぎても収入は少ない

　図7.1には，ある独占企業が提供する財・サービスに対する需要曲線が描かれています。そして需要曲線が右下がりであるため，高い価格を付けると少ししか売れないこと（左側の図），また低い価格を付けたらたくさん売れることがわかります（右側の図）。つまり価格と販売量の間にはトレードオフの関係があります。トレードオフについては第2章第3節で学びましたね。

　収入とは価格に販売量を掛けたものです。よって図7.1の左側のように高すぎる価格を付けても，右の図のように低すぎる価格を付けても収入は最大になりません。中程度の価格のときに収入が最大になるのです。

　ここでは価格を決めると，それに対応する販売量が決まるという関係を考えましたが，独占の場合には，逆にどれだけ販売するかを先に決めると考えることもできます。販売量を決めれば，それが売り切れるだけの価格が需要曲線を見ることで確定するからです。よって以下では，独占企業が価格を決めるという表現と生産量を決めるという表現の両方を使うことにします。それぞれどちらで考えたほうがわかりやすいかに応じて適宜使い分けることにしましょう。

　この章では，独占企業が利潤最大化するためにどのような価格（または生産量）を選択するのかを考察し，独占の弊害とは何かを考えます。しかしその前に，そもそもなぜ生産者が独占状態になるのかを考えておきましょう。

CHECK POINT

□ 1 生産者側が独占の場合には，価格を自分で決めることができます。
□ 2 独占企業の目的は収入から機会費用を引いた差額である超過利潤を最大にすることです。

2 独占の定義

財・サービスの唯一の供給者であること

これまで「生産者が一人のときが独占」といったような，いくぶん乱暴な説
明をしていましたが，以下では**独占とはどのような状態なのか**についてもう少
し丁寧に考えておきましょう。

まずは独占の定義です。

> 特定の財・サービスの市場において，ある生産者がその財・サービスの唯一
> の供給者であり，密接な代替財が存在しないとき，この生産者は独占であると
> いいます。

それではこの定義に基づいて，なぜ独占状態になるのかを考えてみましょう。
簡潔にいってしまえば，それは**他の企業がこの市場に参入できない何らかの理由**
があるからということになります。

この点に関しては具体的な例を挙げたほうがわかりやすいでしょう。どのよ
うなときに，特定の財・サービスの市場に他の企業が参入できなくなるのでし
ょうか？

まず，**生産に不可欠な資源や生産技術を持っているのがその生産者だけに限ら**
れている場合が挙げられます。例えば，精巧な美術品を制作する技能を持つ人
間国宝がいたとしましょう。このとき他の誰も同じような作品は作れません。

次に，特定の企業や個人に対して，**政府により排他的な独占権が与えられてい**
る場合もあります。例えば，生産する際に特許権が与えられている技術を必要
とする財・サービスの市場には，特許権者の承諾がない限り他の企業は参入で
きません。他にも著作権法や種苗法による権利者保護の仕組みもあります。

そして，固定費用が大きいような産業では，単一企業のほうが生産費用の面
から効率的に財・サービスを提供できるため，このような場合にも新規参入が
難しくなります。これを自然独占といいます。例としては，電気，ガス，水道

などのネットワーク部分が挙げられます。電気について考えると，すでに電力会社が存在する地域において，既存の送電線網とは別のネットワークを新たに整備するのには非常に大きな費用がかかります。このとき送電線網の分野に他の企業が新規に参入するのは難しいでしょう。

密接な代替財が存在しないこと

続いて，独占の定義の中の「密接な代替財が存在しない」というところも説明しておきましょう。ここではイラスト①のような喫茶店で飲むコーヒーについて考えることにします。

例えば，スターバックスコーヒーで売られているホットコーヒーを提供できるのは当然スターバックスコーヒーだけですね。他社は同じ味のコーヒーを同じデザインのマグカップで提供することはできません。それではスターバックスは独占企業といえるでしょうか？

おそらく特別なこだわりがある少数の人を除けば，タリーズコーヒーよりもスターバックスが好きだとか，その反対だといったような好みの違いはあるにせよ，他の店のコーヒーならば絶対に飲まないという人は少ないと思われます。このときスターバックスのコーヒーとタリーズのコーヒーは密接な代替財だと考えられます。したがってこの場合は独占だということはできません。

密接な代替財があるかどうかというのは，簡潔にいえばライバル企業がいるかどうかで判断できます。ライバル企業がいなければ密接な代替財は存在しないといえるでしょう。

独占企業は何を知っているのか？

以下で考える独占企業は，市場全体の需要関数の形状を知っていると仮定することにします。これは一見するとかなり特殊な状況を考えているように思えませんか？

理想的な取引環境を考えていたときには，消費者も生産者も誰も市場全体の需要曲線や供給曲線については意識せずに，

①コーヒー店は独占企業といえるのか？

単に市場で現在観察されている相場の価格だけを見て，どれだけ買うか，また
どれだけ売るかを考えれば，自動的に効率的な市場均衡点が実現されました。

　しかし独占企業は，需要関数についての情報がないと，どのような価格を設
定すれば大きな利潤を得られるのかがわかりません。そのために実際に大掛か
りな生産や販売活動を行うよりも前に，市場調査やテスト販売を実施すること
になります。例えば，新しいお菓子を市場に投入する前には，札幌や静岡，広
島のようなある程度の大きさの都市に限定して試験的販売を行い，消費者の反
応を観察する取り組みが行われているようです。

　もちろん現実の世界では売れ行きが予想通りになるとは限りません。実際に
大々的に販売してみてから，予想よりも悪ければ市場から撤退することや，商
品の価格を下げてみるなどの別の施策をとることもあるでしょう。

　しかしここでは問題設定を単純にするために，あらかじめマーケティング調
査等により，需要曲線の形状について独占企業が正確な知識を持っていること
を想定します。

　ただし，独占企業は市場全体の需要曲線については知っていますが，**個々の
消費者が持つ需要曲線の形状については知らない**としておきます。仮にそのよう
な詳細な情報まで知っていれば，ひとりひとりの消費者ごとに異なる価格を提
示するといった行為（これを価格差別といいます）が可能になるのですが，以下
では独占企業は誰に対しても同じ価格でしか販売できないケースを考えること
にします。つまり同じ財・サービスに対して，大人料金と子ども料金を設定す
ることや，同じものをたくさん買った人に対してまとめ買いの割引をすること
などもできません。

③ 独占企業による利潤最大化行動

収入と機会費用

以下では，超過利潤の最大化を目的とする**独占企業**が，どのように**生産量と価格を決める**のかを考えましょう。ここで超過利潤とは，収入から機会費用を引いたものですので，収入と機会費用について考える必要があります。

まず収入については，すでに説明したように，価格を決めれば消費者の需要量が決まりますし，生産量を決めればそれを全部売り切ることができる価格が決まるため，独占企業は価格か生産量のどちらか一方を選んでいると考えればよいのでした。よって以下では生産量を決めると考えることにします。

次に機会費用について考えます。理想的な取引環境について考えたときには，個々の生産者の供給曲線について，価格から供給量を読み取るのではなく，横軸から高さを読み取ることで，（限界的な）機会費用の大きさがわかるという説明をしました。つまり供給曲線と限界費用曲線とは，表裏一体の関係にありました。

ただし生産者が独占の場合に，理想的な取引環境のときと大きく異なるのは，**供給曲線が存在しない**という点です。なぜなら供給曲線とは，価格が与えられたときに，個々の生産者がどれだけの生産するのかを受動的に考えるものでしたが，独占の場合にはこの企業が自分で価格を決定できるからです。よって独占企業が生産活動のために必要とする機会費用の大きさは，限界費用曲線としてのみ表現されることになります。これは独占企業が生産量を増加させる際に，追加的な機会費用の増分がどのくらいの大きさなのかを示すものです。

まずは生産に固定費用がかからず，また限界費用が一定のケースを考えることにしましょう。これは例えば，一つ作るのに 1000 円の機会費用がかかるのであれば二つ作るときに合計で 2000 円，10 個ならば合計で 1 万円の機会費用がかかるといったように，費用が生産量に比例して増加する状況です。

限界収入と限界費用

以下では，独占企業が超過利潤を最大にするためには，**限界収入と限界費用が**

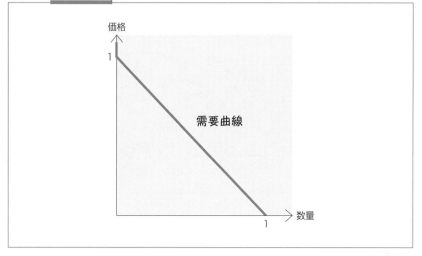

CHART 図7.2 需要曲線

価格

1

需要曲線

数量

1

一致するような生産量を選択すればよいことを説明します（これは理想的な取引環境における生産者の意思決定と同じです。確認してみましょう）。

　ところで一応確認しておきますが，限界という言葉の意味は覚えていますか？　限界とは，第2章第5節で説明したように，全体を見るのではなく，ある状態に注目して，そこから少しだけ増やしたり減らしたりすることの影響を見るということでした。

　したがって限界収入とは，生産量を1単位増やしたときに収入がどれだけ増加または減少するかを表しています。同様に，限界費用とは生産量を1単位増やしたときに機会費用がどれだけ増加するかを表しています。

　以下では，需要曲線の形を特定した上で説明することにしましょう。まず需要曲線が，価格 p が $0 \leqq p \leqq 1$ の範囲では，需要量 q が $q=1-p$ という直線の式で表されるとします。また $p>1$ のとき，$q=0$ とします。この需要曲線を描くと，図7.2のようになります。なお，このような数式を使った説明は，第4章末のコラム⑬で説明したので，必要であれば復習しておきましょう。

　次に生産には，機械や工場設備のように生産量に関係なくかかる費用（＝固定費用）は存在せず，限界費用は c で一定だとします（ただし $0<c<1$ とします）。このとき生産に伴い発生する機会費用の総額は，限界費用 c に生産量 q を掛けた値になります。

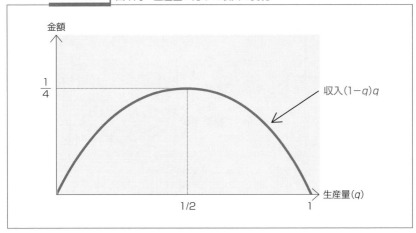

CHART 図7.3 生産量に応じた収入の変化

（グラフ内）
金額
$\dfrac{1}{4}$
収入 $(1-q)q$
生産量 (q)
$1/2$
1

生産量に応じた収入と機会費用の変化

　それでは生産量に応じて，独占企業の収入と機会費用がどのように変化するのかを考えてみましょう。

　図7.3の横軸は生産量 q を，また縦軸は金額を表しています。この独占企業の収入は価格×生産量であり，生産量 q が決まると対応する価格が $1-q$ として決定されるため，収入は $pq = (1-q)q$ と書くことができます。したがって収入は，生産量がゼロと1のときにゼロとなり，また生産量が $1/2$ のときに最大の $1/4$ になります。

　ここで注意していただきたいのは，図の縦軸からグラフを読むというのは，需要曲線や供給曲線を考える場合の特別なルールだったという点です。いま見ている図7.3のグラフは，生産量が決まったら収入がどの程度になるのかを見ているため，横軸の数値が決まったらそれに対応する縦軸の数値が決まるという関係になっています。またこのグラフはコラム⑮で説明した「全部でどれだけ」の図であることにも注意しましょう。

　次に独占企業の機会費用の総額が生産量に応じてどのように変化するのかを描くと，図7.4のようになります（こちらも「全部でどれだけ」の図ですね）。これは単純に，1単位あたりの機会費用 c に生産量を掛けた金額であり，固定費用がない状況下では総費用になります。

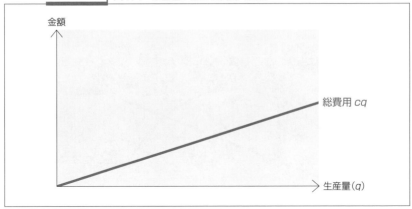

超過利潤を最大にする生産量とは？

　それではこの独占企業にとって，**超過利潤を最大にする生産量**とはどのように求められるのかを考えることにしましょう。次ページの図7.5は，収入の図と機会費用の総額の図を重ね合わせたものです。超過利潤とは収入から機会費用の総額を引いたものなので，収入を表す曲線から機会費用を表す右上がりの直線との差が最大になる生産量のときに超過利潤が最大となります（↕で示されている幅が超過利潤です）。この超過利潤を最大にするような生産量を q^* と書くことにしましょう。

　ここで超過利潤を最大にする生産量である q^* のところでは，その点における収入のグラフの傾きと機会費用の総額のグラフの傾きが一致していることに注意してください（つまり**限界収入＝限界費用**）。これを確認するには，図7.6のように，生産量が q^* のときの収入のグラフに接線を引いてみればよいでしょう。この接線の傾きが，生産量が q^* のときの限界収入を表しています。

CHECK POINT

□ 1 生産者が独占の場合には，供給曲線というものが存在しません。

□ 2 独占企業が超過利潤を最大にするためには，生産量を変化させたときの限界収入と限界費用が一致するような生産量を選択する必要があります。

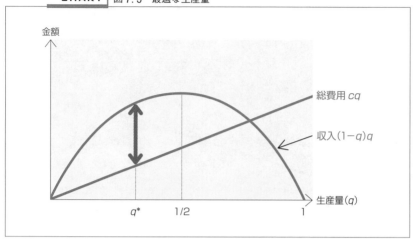

金額

総費用 cq

収入(1−q)q

生産量(q)

q*　　1/2　　　　　　1

金額

総費用 cq

収入(1−q)q

生産量(q)

q*　　1/2　　　　　　1

4 独占はなぜ問題なのか？

独占企業が超過利潤を最大化するときの総余剰とは？

　これまで独占企業が超過利潤を最大にしようとするとき，最適な生産量として，限界収入と限界費用が一致するような水準を選択することを説明しました。

このことを価格と数量の関係を表すグラフを用いて再度説明してみましょう。

　次ページの図7.7は，先ほどの独占企業の超過利潤を求めるグラフと価格と数量のグラフを縦に並べたものです。横軸の単位はそろえてあり，0から1までの生産量が描かれています。

　下の図において超過利潤を最大にする生産量q^*のとき，財・サービスがちょうど売り切れるような対応する価格がp^*として描かれています。したがってこちらの図では，**独占企業が得る超過利潤の大きさはBの領域の面積に相当します**。なぜなら企業が得る利潤とは，価格pから限界費用cを引いたもの（＝1単位あたりの利潤）に販売量のqを掛けたもの（つまり$(p-c)q$）だからです。

　このとき実現している消費者余剰は，図のAの面積であり，これと独占企業が得る超過利潤を足すと，この市場から生み出された**総余剰は$A+B$**となります。

┃ 社会的に最適な生産量との比較

　しかしこれは社会的に最適な状態ではありません。なぜなら生産量が図のq_{max}であり，また価格が限界費用に一致するcのときには，総余剰は最大の$A+B+D$になるからです。つまり**独占企業が超過利潤を最大化させるような生産量を選択しているとき，社会的に見て最適な生産量q_{max}と比較すると，過少になっている**のです。

　なぜ独占企業は社会的に最適な水準よりも生産量を低く抑えるのでしょうか？　それは総余剰を最大にする価格cと生産量q_{max}の組み合わせのとき，生産者の超過利潤はゼロになってしまうからです。このとき機会費用である$C+E$の収入はあるため，原材料費や人件費などは賄えています。また会計上は正の利益が出ていることになります。

　しかし独占企業は価格をcからより高い水準に引き上げることにより，超過利潤を得ることができます。そして超過利潤を最大にする価格と生産量の組み合わせを選ぶとき，**図のDの面積に相当する死荷重が発生してしまう**のです。

　独占が問題となる理由は，企業が儲けすぎているからではありません。総余剰が最大化されていないこと，つまりは死荷重が発生していることなのです。

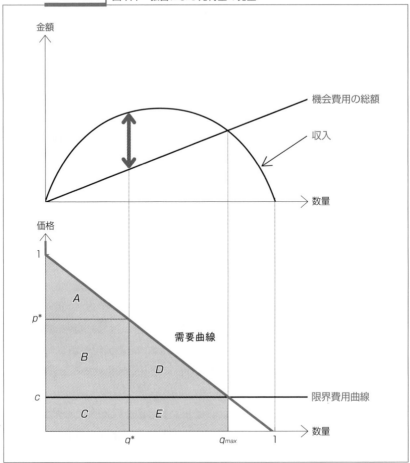

独占の問題を緩和するために

　独占市場では社会的に望ましい水準よりも財・サービスが過少供給され，死荷重が発生しています。このとき政府はより大きな余剰を実現するために，多くの場合，以下のいずれかの方法を選択することになります。

1. 市場における競争を促進するために，独占禁止法を適用する。例えば，独占企業を分割して競争させる。
2. 独占企業の行動を直接的に規制する。例えば，価格の決定を認可制にすることで取引価格を低く抑えて，取引を増加させる。

3. 民間企業ではなく公的企業が生産活動を行う。例えば，水道事業や郵便事業などを国が直接実施する。

4. 何もしない。

　ここで注意したいのは，第6章第3節でも説明したように，政府による介入の是非を考える場合には，市場の失敗と政府の失敗の比較が必要だという点です。したがって，場合によっては，独占という市場の失敗があったとしても，4番目の選択肢のように，あえて何もしないことが最もましな選択であるかもしれません。

CHECK POINT

□ 1　独占企業が超過利潤を最大化させるような生産量を選択しているとき，その生産量は社会的に見て最適な生産量と比較すると過少になっています。

□ 2　独占が問題なのは，その企業が儲けすぎているからではありません。総余剰が最大化されていないこと，つまりは死荷重が発生していることが問題といえます。

□ 3　独占による死荷重の発生に対処するために，政府は独占禁止法を適用したり，独占企業の価格決定を直接的に規制したり，公的企業による生産活動を行ったりします。

EXERCISE ●確認・練習問題

【確認問題】

7.1　独占の定義において「密接な代替財が存在しないとき」という説明をしました。それでは，いま皆さんが読んでいるこの教科書には密接な代替財があるでしょうか？ どのようなときにはあって，どのようなときにはないといえるのかを考えてみましょう。

7.2　独占企業の収入を考えたときに，生産量をゼロから増やしていくと，当初は収入が増えていきますが，多く作りすぎると今度は収入が減っていきます。これはなぜでしょうか？ 説明してみましょう。

7.3　本章では，独占企業の機会費用が生産量に比例して増加する状況を考えました。それでは機会費用が逓増する（増え方が増えていく）とき，図7.7はどのように描き方を変える必要があるでしょうか？ 考えてみましょう。

【練習問題】

7.4 あなたはコンサート企画会社で働いていて，ある海外ミュージシャンの来日公演における価格設定の仕事を任されているとします。公演は，10000席あるコンサートホールで1回だけ実施されます。あなたは担当者として，そのチケットの価格をいくらに設定すれば利益が最大になるかを検討する必要があります。

話を簡単にするために，会場の10000席は，どこも同じ見えやすさと聴こえやすさで，違いはないものとします。これは当日になってくじ引きで席が決まると考えてもかまいません。また消費者によって価格を変えるという価格差別はできないものとします。

このコンサートのチケットに対する需要曲線は，通常の右下がりの形であるとして，どのような価格を付けることがチケット販売からの収入を最大にするのかを需要と供給の図を用いて検討しなさい。

ヒント1：この問題に答えるためには，場合分けをして考える必要があります。

ヒント2：場合によっては，すべての席を販売せずに，あえて空席を残したほうがよいこともあります。

7.3 特許権や著作権などの知的財産権制度とは，政府が権利者に対して，発明や著作物を独占的に利用する権利を与えるものです。しかし特定の財・サービスを企業が独占することにより，死荷重が発生するという問題を伴う可能性が高いのに，政府はなぜ独占権を認めるのでしょうか？

知的財産権制度がなかったら発明や創作活動にどのような影響を与えるのかに注意して，知的財産権制度に伴うトレードオフの関係を説明しなさい。

7.4 労働市場において買い手側が独占のケースを考えてみましょう。例えばある地方都市において，パートやアルバイトの労働者を雇用する企業が駅前のショッピングセンター1社に限られているような状況です。これに対してその会社で働きたい労働者はたくさんいるとき，独占企業が選択する賃金や雇用量はどのような水準になるでしょうか。また社会的に最適な水準はどのようなものでしょうか？ 図解しなさい。

Column⑳ 独占とX非効率性

独占がなぜ問題なのかについて，第7章では，死荷重が発生することを理由の一つとして説明しました。これはすべての消費者に対して同じ価格で財・サービスを販売するのであれば，常に発生する問題です。

これに対して，独占企業が個々の消費者の需要関数を完全に把握できたとす

ると，消費者にとっての財・サービスの価値とちょうど同じ金額を価格として設定することで，独占企業はすべての余剰を手に入れることが可能になります。つまり独占であっても死荷重が発生しないこともあります（このような価格付けは完全価格差別，または第一種価格差別と呼ばれています）。

　それでは独占であることの問題点として，他にどのようなものがあるでしょうか？

　よく知られている現象として，独占企業は市場における企業間競争に直面していないことから，生産にかかる費用を削減しようとするインセンティブを失うこと（これをX非効率といいます），また製品の改良をするインセンティブを失うことなどがあります。

　これらの面からも，生産者が独占状態になるよりも，適度な企業間競争があったほうが社会的にも望ましいことだといえるのです。

第 **8** 章

外 部 性

財・サービスを取引する市場が存在しない!?

© 2021 Ryoko Takahashi

INTRODUCTION

　この章では，外部性がある状況を考えます。外部性があるとは，注目している行動が他人に直接的に影響を与えることや，注目している財・サービスの生産や消費が第三者に影響を与えることを意味します。このとき交換の利益が最大限には実現されません。そこで政府は，権利の設定や取引の円滑化といった市場整備の取り組みに加えて，直接的な規制や義務付け，また課税や補助金などを通じた市場への介入を行います。

1 外部性とは？

技術的外部性

　この章では外部性について考えます。まず，ここで考える外部性とは，正確には技術的外部性と呼ばれるものです。以下では特に明記しない限り，外部性とは技術的外部性のことだと思ってください。技術的外部性ではない外部性（これを金銭的外部性といいます）に関しては，この節の最後で説明します。

　さて外部性とは，簡潔にいえば人々の行動が市場取引を通じないかたちで他者に与える影響のことを指しています。これには良い影響と悪い影響があり，それぞれ正の外部性と負の外部性と呼ばれています。

　例えば，人々が教育を受けると，本人の利益になるだけでなく，他の人や社会全体に対しても良い影響を与えるでしょう。これは正の外部性です。

　その具体例として，仕事の都合で日本に住むことになった外国人が，これまで話せなかった日本語を勉強して少しだけ話せるようになったケースを考えてみましょう。このとき，まず本人の生活が便利になるという直接的な効果があります。加えて，この人が日本語を話せるようになったことは近所の住民にとってもうれしいことだと思われます。日常生活でコミュニケーションが可能になるだけでなく，火災発生などの非常時に意思疎通が可能になるなどのメリットもあるからです。

　負の外部性の例としては，第6章第2節でも説明したような，深夜に大音量で音楽をかけることや，工場が生産活動を行う際に煙を出すことなどが挙げられます。これはある人の音楽を聴くという行動や生産活動を行うという行動が，直接的に他者に悪影響をもたらしているという意味で，負の外部性ということができるのです。

外部性が発生するのはなぜか？

　第6章第2節の説明の繰り返しになりますが，外部性がある状況は，二つのケースに分けることができます。一つ目は，人々の行動が他の人に良い影響や悪い影響を直接的に与えるにもかかわらず，そのような影響を与えること自体

を取引する市場が存在しない場合（または十分に機能しない場合）です。例えば，夜中に大音量で音楽をかけるケースがこれに該当します。これを今後は市場不成立による外部性ということにしましょう。

なぜ取引する市場が存在しないのでしょうか？ 市場が存在しないことの理由としては，まず，法律上の権利がそもそも明確に設定されていないことが考えられます。このとき誰とどのように取引をすればよいのかがわからないため，市場が成立しません。また仮に権利が設定されていたとしても，取引費用が高いために取引が円滑に行えない場合には，実質的には，取引をするための市場が存在しないのと同じことになります。

外部性がある状況の二つ目は，注目している財・サービスの取引は円滑に行われていても，その生産や消費が第三者に対して直接的に影響を与える場合です。このときも，他の人に与える効果を考慮せずに取引が行われるため，外部性の問題が発生することになります。例えば，ある商品を製造する工場の煙が周辺住民に迷惑をかけるケースです。こちらについては，今後は波及効果による外部性ということにします。

金銭的外部性

この章で扱う外部性とは技術的外部性のことだと最初に説明しましたが，それでは技術的外部性ではない外部性（金銭的外部性）とはどのようなものでしょうか？ ここで説明しておきましょう。

金銭的外部性とは，人々の行動が市場取引を通じて（より正確には市場における価格変化を通じて）他者に与える影響のことを指しています。このとき，特定の財・サービスの市場に注目して見ている限りでは，政府による介入の必要はありません。外部性があっても交換の利益が損なわれるわけではないからです。

金銭的外部性の例としては，第5章第2節で検討したような市場への新規参入の問題を考えてみるとよいでしょう。図5.5で見たように，新規参入企業が現れると，市場価格が低下してしまい，結果として既存企業の超過利潤が減少します。つまり新規参入により既存企業は悪影響を被っているわけですが，消費者と参入企業はそれ以上に得をすることになるので，交換の利益を最大にするという観点からは参入規制をしないほうが望ましいという結論でした。

同様に消費者側の新規参入についても考えてみましょう。消費者が増えると，

需要曲線が右側に移動して市場価格が上昇するために，既存の消費者が得ることができる余剰が減少することになります。しかしこの場合も，余剰を最大化するという観点からは市場取引に介入するのは望ましくないのです。

　金銭的外部性にはさまざまな実例があるでしょう。例えば，ある家電量販店の近くに別の量販店が進出してきて，既在企業の経営状況が悪化することも考えられますし，安いだけが取り柄の洋食屋の近くに，安くて美味しいレストランが進出したために，既存の洋食屋が閉店してしまったなどということもあるかもしれません。

　このような事例を見たとき，人によっては**既存企業の経営者や労働者が可哀想だと思うかもしれません。しかし，可哀想だからといって参入規制をしてしまうと，参入企業だけでなく地域の消費者も損をすることになります。それは本来なら得られたはずの交換の利益が失なわれてしまうからです。やはり困っている人を助けたいのであれば，第5章第2節でも述べたように，参入規制をするよりも，まずは直接的に補助する方法（例えば教育訓練や金銭的補助）を考えるべきです。

□ 1 （技術的）外部性とは，人々の行動が市場取引を通じないかたちで他者に与える影響のことです。

□ 2 外部性には，他人に良い影響を与える正の外部性と悪い影響を与える負の外部性があります。

□ 3 金銭的外部性とは，人々の行動が市場価格の変化を通じて他者に与える影響のことであり，技術的外部性とは区別して考える必要があります。

2 コースの定理と効率的な結果の実現

「加害者」と「被害者」の事前交渉

　以下では，まず，ある人の行動が他人に直接的に悪影響を与える可能性があるが，当事者同士が事前に交渉して契約することにより，効率的な結果が実現するという理想的な状況について考えてみましょう。つまり外部性の問題が発生しないケースです。

外部性の問題を直接的に説明をするのではなく，問題が起こらないケースから先に考えるというのは，一見すると遠回りなように思えるかもしれません。しかし理想的な取引環境の説明のときにも行ったように，理想的な環境から考え始めたほうが，結果として話がよくわかることもあるのです。

　さて以下では最も簡単な1対1の関係の例として，深夜に大声で歌いたい歌手志望の大学生Aさんと隣に住むBさんの関係を扱うことにします（イラスト①）。本当ならば，30分だけ歌うとか1時間歌うといったような時間の長さも考えたほうがもっともらしいのですが，ここでは単純化のために，Aさんの選択肢は歌うか歌わないかの二つだとします。そして仮に，Aさんが歌うことで得られる本人の便益（＝満足度を金銭換算したもの）は1晩あたり8000円相当であり，隣に住むBさんが受ける被害は5000円相当だったとしておきましょう。ここで社会全体の視点から効率的な結果とは，便益が被害を上回っているために（8000 ＞ 5000）Aさんが歌うことです。

　それではこの効率的な結果はどうすれば実現するでしょうか？　仮に騒音の規制等がなく**自由に歌唱できる権利**がAさん側にあるとすると，何もしなくてもAさんが深夜に歌うという効率的な結果となるでしょう。しかし反対に騒音の規制が厳しく，**深夜に静かな環境で眠る権利**がBさん側にあり，周辺住民との合意がなければ深夜に歌えないとしても，当事者間での取引が可能であれ

①Aさんが歌うとBさんが迷惑する

ば，やはり A さんが歌うという効率的な結果が実現します。なぜなら歌手志望の A さんは，隣人の B さんに対して被害金額である 5000 円を少しだけ上回る賠償金を支払うことにより双方の合意の上で歌うことができるからです。

この例の興味深い点は，歌いたい側と静かに生活したい隣人側のどちらにももともとの権利が与えられていたとしても，交渉の結果として効率的な行動が行われるということです。この結果を提唱者の名前をとってコースの定理といいます。

反対に隣人である B さんの被害額のほうが大きい場合も考えてみましょう。例えば A さんが歌うことによる本人の便益は 4000 円相当であり，また隣の B さんの被害は 5000 円相当だとしておきます。このとき自由に歌う権利が A さん側にあったとしても，静かな環境で眠る権利が B さん側にあったとしても，やはり交渉と契約を通じて深夜には歌わないという効率的な結果になるのです。

どちらが権利を持っていたとしても，同じく効率的な結果になるということがここでの結論でしたが，一方でこれは最終的に誰がどのくらいの満足度を手にしているかという**分配が同じになるということは意味しません**。隣人の B さんの被害額のほうが大きい場合を例とすると，結果的に A さんが歌わないという結末は同じであっても，大学生 A さんに歌う権利がある場合には 4000 円を少しだけ上回るお金を A さんは受け取って歌わないことになりますが，権利が B さん側にある場合には，A さんは 1 円ももらえないことになります。

┃ コースの定理と権利の初期配分 ┃

上で見たコースの定理のメッセージとは，当事者が話し合いをして適切な契約を結ぶことができれば，効率的な結果が実現するというものでした。しかし現実には騒音による争いや公害問題などが多く観察されますし，日照や景観などをめぐる紛争も多く発生しています。

なぜ当事者たちの話し合いで紛争が解決しないのでしょうか？ それはコースの定理が成立するためには，実は，以下のような**前提条件**が満たされていることが必要だからです。

1. 誰にどのような権利があるのかが明確に定められていること
2. 当事者が誰なのかが判明していること
3. 当事者の双方が，交渉に必要な情報を（ほぼ）完全に共有していること

4. 交渉と契約の締結に時間的・金銭的費用がかからない（または十分に低い）こと

5. 事後的な契約の履行が確実であること

6. 双方が資金制約や借り入れ制約に直面していないこと

これらの前提条件が満たされていない場合には，効率的な結果を実現することはできません。それぞれの意味を確認するために，順番に考えてみましょう。

まず1点目としては，取引の対象となる権利が明確に設定されていることが必要です。そうでなければ迷惑をかけられるほうであっても相手に何かを要求することはできませんし，迷惑をかけるほうもお金を支払おうとはしないでしょう。

2点目については，そもそも相手方が特定されなければ，交渉を行うことができません。騒音に悩まされていても，発生源がどこなのかがわからなければ，交渉できませんね。

3点目については，**当事者全員の好みや費用などが事前によくわかっていない場合**には，適切な契約を締結することが難しくなります。Aさんが歌うことでどのくらいの便益を得られるのかを近隣住民のBさんが知ることができないのであれば，また反対に，近隣住民がどの程度の被害を受けているのかをAさん側が知ることができないのであれば，歌を歌うのと歌わないのでどちらが効率的な結果なのかが判明しません。このとき相手から有利な条件を引き出そうとして強気の条件をふっかけてみることなどを通じて交渉に時間がかかるでしょうし，結果として取引がうまくいかないことも考えられます。

4点目は（狭義の）取引費用の問題です。（ここでは1対1の関係を考えましたが）当事者の数が多かったり，多額の弁護士費用などがかかったりする場合には取引費用（＝交渉のプロセスや契約にいたるまでにかかる費用）が大きくなるために，取引がなかなか成立せず，効率的な結果が実現しないことがありえます。

そして5点目の契約した内容が確実に実行されるかどうかも重要です。契約を結んだとしてもそれが守られない可能性があれば，やはり事前の交渉はうまくいかないでしょう。例えば，いつでも自由に歌う権利を持つAさんに対して隣人のBさんがお金を支払うことで，「深夜には歌わない」ことが約束されたとします。ここでお金を受け取った後になってからAさんが歌の練習を深夜に行うのであれば，そしてそれを差し止める実効的な手段がなければ，隣のB

さんはお金を支払おうとはせず，やはり取引は成立しないでしょう。

　最後の資金制約については，以下のような例を考えればわかりやすいでしょう。まずＡさんが歌うことによる本人の便益は 4000 円相当で隣人のＢさんの被害は 5000 円相当とします。このときは歌わないことが社会的に望ましいことになります。ここでＡさん側に自由に歌を歌う権利があるすると，隣人のＢさんは 4000 円以上のお金を事前に用意できなければ深夜の歌唱を止められないことになります。しかしＢさんがあまり豊かでない場合には，手持ちの現金がない場合もあるでしょうし資金の借り入れが難しいことも考えられます。この場合にも，契約が成立せず歌わないという効率的な結果が実現しません。

　最後の資金制約の例からもわかるように，コースの定理の前提条件が成立していないときには，**誰にどのような権利を初期配分するかがきわめて重要**になります。ここで近隣住民のＢさんだけが資金制約に直面している場合を考えてみましょう。このとき当初の権利配分として，住民が静かな環境で生活する権利を持つとしておけば，Ａさんが歌うことが望ましい場合でもそうでない場合でも，効率的な結果が実現することになります。

　例えば，歌うことによるＡさんの便益が隣人であるＢさんの被害よりも大きいときには，ＡさんからＢさんへの補償が行われることで，歌うという効率的な結果が実現しますし，反対にＢさんの被害のほうが大きいときには，Ｂさんは金銭の支払いをすることなくＡさんによる歌唱を差し止めることができるからです。

　なお，ここでは 4 点目の条件のことを「狭義の取引費用」として説明しましたが，2 番目から 6 番目までは，いずれも広い意味での取引費用の問題だと考えることもできます。

┃ コースの定理の意味 ┃

　これまでの話をまとめると，コースの定理には大きく分けて二つのメッセージがあるといえます。

1. コースの定理の前提条件が満たされている場合には，初期の権利配分が確定していることが重要である。どちらが権利を持っていたとしても同じく効率的な結果になるため，権利配分の与え方はどちらでもよい。

2. 前提条件が満たされていない場合には，初期の権利配分をどのように与え

るかが効率性に大きな影響を与えるため，**権利の適切な設定が重要である。**

コースの定理の前提条件が満たされている場合には，外部性による非効率の問題は発生しません。取引を行える市場が存在するからです。しかし私たちの社会では公害問題をはじめとしてさまざまな問題が発生しています。したがってどちらかといえば，前提条件が満たされていないときに何をすればよいのかについて述べている二つめのメッセージのほうがより重要だといえます。

▎ 市場不成立による外部性 ▎

それでは表8.1を見ながら，コースの定理の前提条件が満たされないときに何が起こるのかを整理しておきましょう。ここでは取引費用がとても大きいために，交渉が実質的に不可能なケースを考えることにします。つまり「市場不成立による外部性」がある場合です。

まず歌手志望のAさんが歌うのが効率的な場合（歌いたいAさんの便益＞隣人であるBさんの被害）と非効率な場合（歌いたいAさんの便益＜隣人であるBさんの被害）の両方について考えます。また権利の設定については，権利が定まっていない場合，権利が歌いたい側にある場合，そして静かに生活したい側にある場合について検討することにします。ここでの関心事は，**社会的に望ましい状態が結果として実現するかどうか**です。

権利が明確に定まっていない場合と歌いたい人が自由に歌える権利を持つ場合には，Aさんは常に深夜に歌うことになります。これは歌うことが効率的な場合には問題ないのですが，歌わないほうが効率的な場合（歌いたいAさんの便益＜隣人であるBさんの被害）でも歌われてしまうことから，このような権利設定の下では，深夜に歌うという行為は社会的に最適な水準と比較して過大に行われてしまう可能性があるといえます。

これに対して，静かに生活したい側が権利を持っている場合には，歌は常に歌われません。これはAさんが歌うほうが効率的な場合（歌いたいAさんの便益＞隣人であるBさんの被害）であっても歌が歌えないということですから，こちらの場合には社会的に最適な水準と比較してAさんの行動が過小になる可能性があるといえます。

この例からも，取引費用が高く交渉が難しいことが予想される場合には，誰にどのような権利があるのかを適切に設定する必要があることがわかります。

CHART | 表 8.1　社会的に見て過大・過小な行動になる可能性

	権利が明確に定まっていないとき	権利が定まっているが交渉できないとき	
		自由に歌を歌う権利があるとき	静かに生活する権利があるとき
（歌いたい A さんの便益）＞（隣人 B さんの被害）→歌うことが効率的	歌う＝効率的な行動	歌う＝効率的な行動	歌わない＝社会的に見て過小な行動
（歌いたい A さんの便益）＜（隣人 B さんの被害）→歌わないのが効率的	歌う＝社会的に見て過大な行動	歌う＝社会的に見て過大な行動	歌わない＝効率的な行動

　例えば，若い大学生がたくさん住むような街と，高齢者が多く住む街とでは，望ましいルールが異なるかもしれません。そして住人の転入や転出により，人口構成が変わることもあるため，**望ましい権利設定が時代を通じて変化する可能性もある**のです。

　ここまでは「市場不成立による外部性」の問題を，歌手志望の大学生による負の外部性を例として考えました。同様に**正の外部性がある場合**にも，当事者間での事前の取引が行えないとすると，やはり社会的に望ましい結果が実現しないことが起こります。この点についても簡単に説明しておきましょう。

　まず登場人物は，とても歌がうまい C さんと，その歌を聴きたい D さんだとします。C さんは 2000 円以上もらえるのであれば D さんの前で歌ってもよいと考えていて，また D さんは 5000 円までなら支払ってもよいと考えているとします。このようなときに，取引を行うことが可能であれば，C さんは D さんからお金をもらって歌うことになりますが，取引が不可能な場合には，このような効率的な取引は実現しません。

　つまり，ある人の行動が直接的に他人に対して良い影響を与える場合でも，注目している財・サービス（ここでは歌を歌うというサービス）を取引する市場が存在していないときには，その**財・サービスの取引が社会的に見て望ましい水準よりも過小になっている**といえます。

3　波及効果による外部性

正の外部性と負の外部性

　ここからは「波及効果による外部性」について見ていくことにしましょう。つまり A さんと B さんが取引をすることで，別の C さんが良い影響や悪い影響を直接的に受けるケースです。そして以下では，1 対 1 の関係から離れて，注目している財・サービスの市場に多数の売り手と買い手が存在している状況を考えることにします。そのほうが政策的な問題を考える際には有用なケースが多いからです。

　さて，外部性には正の外部性と負の外部性があることをすでに説明しましたが，注目している財・サービスの生産や消費が第三者に対して直接的に影響を与える場合に注目したときには，外部性が生産活動に伴って発生する場合と消費行動に伴って発生する場合とに分けることができます。

　先ほど述べたような，A さんと B さんが取引をすることで，別の C さんの満足度に影響を与えるケースで考えれば，A さんが財・サービスを作ったときに C さんへの影響が発生することもあるでしょうし，B さんが財・サービスを消費したときに影響が発生することもあるということです。そして C さんに与える影響には，良い影響と悪い影響が考えられるため，波及効果による外部性は，以下の四つのパターンに分けることができます。

- 生産に正の外部性があるとき
- 生産に負の外部性があるとき

- 消費に正の外部性があるとき
- 消費に負の外部性があるとき

それぞれどのような例があるでしょうか？　まず，ある企業による研究開発や生産活動に伴って技術革新が起こると，それ以外の企業も新技術や知識の一部を活用できる場合があります。これを知識のスピルオーバーといいますが，これは生産活動に正の外部性がある場合だといえるでしょう。また，家電製品を製造している工場が，その製造過程において騒音や振動，大気汚染などを発生させてしまい，近隣住民に迷惑をかけることがあったとします。このような公害は，生産活動に負の外部性がある場合だといえるでしょう。

次に，人々がインフルエンザの予防接種を受けると，自分が病気になりにくくなるだけでなく，自分が病気になって他の人にうつしてしまう可能性も低下させます。よって予防接種を受けることは，消費行為に正の外部性がある場合だと考えることができます。最後に，自動車でドライブに行くのは，排気ガスで空気が汚れるため，消費行為に負の外部性がある場合だといえます。

さて，特定の行動が他人に対して与える直接的な影響を，必ずしも**正の外部性と負の外部性に明確に分けることができるとは限らない**点についても説明しておきましょう。つまり一部の人にとっては正の外部性だと認識される行為が，同時に他の人には負の外部性をもたらすこともあるのです。

例えば，商店街にあるうなぎ屋さんが，うなぎの蒲焼きを店頭で焼いているケースを考えてください。道に流れる煙の匂いを「良い匂いだなあ，美味しそうだなあ」と考えて得した気分になる人もいるでしょうが，一方で「うわあ，気持ち悪いなあ」と感じる二日酔いの人もいるかもしれません。

また駅前でギターの引き語りなどの演奏活動をする人についても同様です。その音楽を聴いて幸せになる人もいれば騒音だと感じる人もいるはずですね。

さてこの後は，波及効果による外部性について具体的に考えます。そして負の外部性や正の外部性があるときには，人々の間で自由な市場取引が行われてしまうと総余剰が最大にはならないことを示します。その上で，政府の役割について考えることにしましょう。

生産に負の外部性がある場合

以下では，公害などのように，**生産に負の外部性がある場合**を考えます。こ

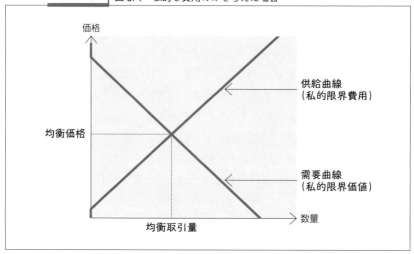

価格

供給曲線
（私的限界費用）

均衡価格

需要曲線
（私的限界価値）

数量

均衡取引量

こでは公害にはどのような問題があるのかを理解した上で，政府はどのような
介入をすればよいのかを考えることにしましょう。

　ある財を製造する工場は，どの工場も環境に悪影響を与える煙を出しながら
操業するとします。ここではすべての工場が同じ生産技術を利用していて，**生
産量に単純に比例するかたちで公害が発生する**としておきましょう。つまり財を
一つ作ると x 円相当の悪影響を近隣住民に与えてしまうとするなら，1000 個
生産した場合には $1000\,x$ 円相当の悪影響が発生する状況です。またこの財の
市場は，**外部性があること以外は，理想的な取引環境と同じである**とします。

　このとき政府による介入がなければ，図 8.1 のように，需要曲線と供給曲線
によって市場均衡点が決まることになります。

私的費用と社会的費用

　理想的な取引環境において，個々の工場が生産するかどうか，また生産する
ならどのくらいの量を作るのかを決める際には，市場において決まっている価
格と自社にとっての**機会費用の大きさ**を考慮していました。そして機会費用に
は，生産に必要な投入物の価値（原材料費や人件費など）が反映されていました。

　しかしこの工場のケースでは，生産者側はすべての費用を負担していません。
本当は，公害を出す工場が製品を生産する際には，原材料や労働力だけでなく
きれいな空気も失われているのです。したがって，製品を一つ作り出すために

②きれいな空気も失われる

失われたもの全部を費用として考えるためには，イラスト②のように，この失われたきれいな空気のことも考慮に入れる必要があります。

　しかしきれいな空気を利用する権利を取引する市場がなく，また政府による規制もない場合には，工場は，原材料や労働力に対しては対価を支払うのに，きれいな空気を使うことに対しては対価の支払いが必要ありません。よって生産することで社会から失われてしまうもののすべて（＝社会的費用）ではなく，自社が実際に支払う費用（＝私的費用）しか考慮しないで生産に関する意思決定が行われてしまうのです。

　それでは，きれいな空気の価値をどのように考えればよいでしょうか？　これは普通の財・サービスの価値について考えたときと同じく，周辺住人がきれいな空気に対していくらまでなら支払ってもよいと考えるのか（＝支払意思額）と考えることができます。空気が汚染されることにより，その分の満足度がこの世の中から消えてしまうからです。

┃ 私的費用のみを考えるときの市場均衡とは？

　それでは，工場が実際に支払う私的費用しか考えない場合と社会的に最適な生産活動とを比較してみましょう。図8.2の左側は，個々の生産者（＝工場）が私的限界費用しか考慮せずに生産活動を行った場合の市場均衡点を表していま

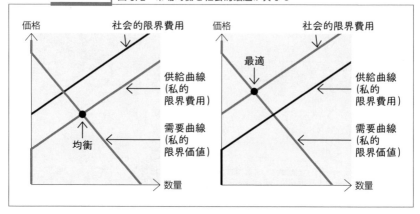

CHART 図8.2 市場均衡と社会的最適が異なる

す。一方で右側は，社会的限界費用を考えた場合の最適な取引を表しています。図の私的限界費用と社会的限界費用の高さの差が，生産量1単位あたりの外部性の大きさ（x）に対応しています。

この図から，生産者と消費者の間で自由な取引が行われると，社会的に見て望ましい取引量よりも**過大な取引**が行われてしまうことがわかります。

図8.3を用いて，このことをもう少し丁寧に確認してみましょう。まず生産者が私的費用しか考慮しない場合には，取引量はbになっています。このときの消費者余剰と生産者余剰の合計は，$A+B+C+D+E+F+G$になります。

次に，bに相当する量の生産が行われたことで発生している公害の大きさは$C+D+F+G+H$です。

したがって，この財の取引から生み出された（波及効果も含めた）社会全体の余剰は，$A+B+C+D+E+F+G$から$C+D+F+G+H$を引いたものになります。重なる部分を消してしまうと，結局，図の$A+B+E$の領域の面積からHの面積を引いたものになるわけです。

外部性について考える際には，**消費者と生産者**だけでなく，**周辺住民**といった別の登場人物の満足度も考えなければならないために，話が少し複雑に見えるかもしれません。加えて後で政府も登場するので，取引が社会全体に与える効果を理解するためには，四者の利害を合わせて考える必要があるのです。

┃ 社会的に最適な生産量とは？ ┃

次に社会的に最適な取引が行われている場合を考えてみましょう。ここでは，

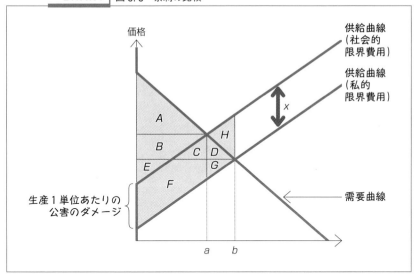

CHART 図8.3　余剰の比較

価格

供給曲線
（社会的
限界費用）

供給曲線
（私的
限界費用）

x

A

H

B　C　D

E　G

F

生産１単位あたりの
公害のダメージ

需要曲線

a　b

生産者が大気汚染の費用もきちんと費用として計上して生産量の決定を行っている場合を想定します。例えば，排出する煙が周辺住民に与えるダメージに応じて，それと同じだけの金額を周辺住民に対して補償金として支払うケースを考えればよいでしょう。

　図8.3を用いて考えると，生産者が社会的費用を考慮して生産活動を行っている場合の生産量は図の a になり，消費者余剰と生産者余剰の合計は，$A + B + E$ となります。

　そして周辺住民は $C + F$ の面積に相当する大気汚染の被害を受けてはいますが，その被害額と同じだけの補償金を受け取っているので，ここでは利益も損害も発生していません。よってこの場合の総余剰は $A + B + E$ です。

　生産者が私的限界費用しか考慮していない場合と社会的に最適な水準とを比較すると，前者の場合には，H の面積だけ社会的に最適な水準よりも余剰が減少していることがわかります。これが**外部性**があることにより発生した**死荷重**です。

　ここで注意していただきたいのは，公害を出すのが悪いこととはいっても，生産量をゼロにすることが社会的に最適とは限らないという点です。図8.3では，生産者が私的費用しか考慮しない場合には b の生産量でしたが，社会的費用を考慮した場合でも生産量は a であり，ゼロではありません。

このような考え方は受け入れ難いものかもしれません。他人に迷惑をかける行為が一定水準で許されるというと，正義に反するようにも感じられるでしょう。しかし，すべての人間は孤立して生きているわけではありません。多かれ少なかれ他人に迷惑をかけています。例えば，乳幼児の頃には泣き声や走り回る音で周囲の人に我慢を強いていることもあるでしょう。しかし，他者に悪影響が少しでもある行為がすべて禁止されるべきではありません。全体のバランスが重要なのです。

課税による問題の解決

これまで，生産に負の外部性がある場合には，人々の間で自由な取引が行われてしまうと，社会的に最適な水準と比べて取引が過剰になってしまい，結果として死荷重が発生することを見てきました。それでは，このような過剰取引の問題はどのようにすれば解決できるのでしょうか？

一つの解決方法は，生産に対して課税することです。第5章第3節で見たように，課税されることにより結果として取引量が減少するからです。また生産に課税しても消費に課税しても結局は同じことなのですが，ここでは工場に対して生産1単位あたり一定の税金を課すことを考えてみます。このような税金のことを，考案者であるイギリスの経済学者ピグーの名前をとってピグー税といいます。

ここまでの設定では，生産活動によって発生する公害の大きさが生産量に単純に比例するかたちだと考えてきたので，社会的費用と私的費用の差を埋めるだけの課税を政府が行えば，生産者は社会的に最適な行動をとるようになります。つまり図8.3に描かれている生産1単位あたりの公害のダメージ（x）と同じだけの税金を生産量に応じて課すことにより，社会的に最適な状況に誘導することができます。

なお，このように課税することなどにより，これまでは考慮していなかった外部性を人々が費用としてきちんと認識するようになることを外部性の内部化といいます。

この節では生産者に対して課税することを考えましたが，消費者に対して課税しても結果は同じになります。上で見た従量税と同じだけの税金を消費者に課すことでも，取引量はやはり社会的に最適な水準になりますので，このこと

を図を描いて確認してみてください。

□ 1 生産に負の外部性があるとき，生産者は生産活動に伴い社会から失われてしまうもののすべて（＝社会的費用）ではなく，自社が実際に支払う費用（＝私的費用）しか考慮しないで生産に関する意思決定を行ってしまいます。

□ 2 生産に負の外部性があるとき，生産者と消費者の間で自由な取引が行われると，社会的に見て望ましい量よりも過大な取引を行ってしまい，結果として死荷重が発生します。

□ 3 適切な課税が行われることにより，社会的に最適な取引量が実現します。

4 生産の正の外部性と消費の正・負の外部性

生産に正の外部性がある場合

これまでは生産に負の外部性があるケースにおいて，生産者と消費者の自由な取引が行われた場合には取引量が社会的に最適な水準よりも過大になり，死荷重が発生することを学びました。次に，**生産に正の外部性があるときには，**反対に取引量が社会的に最適な水準よりも過小になること，そしてこの**過小取引の問題に対処するためには補助金が有効である**ことを簡単に見ていくことにしましょう。

以下では，正の外部性の総量が生産量に単純に比例して発生する状況を考えます。つまり生産1個あたりに発生する正の外部性の大きさが x 円相当のときに，生産量が 1000 個であったなら外部性の総量は $1000\,x$ 円相当になるということです。

それでは生産に正の外部性があるということは，図ではどのように表現すればよいのでしょうか？　生産に正の外部性があるとは，財・サービスの直接の購入者ではない第三者に対して良い影響があるということです。これはまず図8.4の左側のように**私的な限界費用と社会的な限界費用が一致していない状態**と考えることができます。

生産者の視点からは，生産活動に伴い図の私的限界費用に相当するだけの機会費用が発生しています。しかし，実は第三者に対する派生的なメリットを生

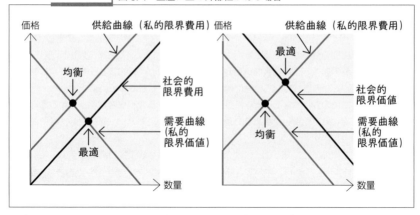

み出しているので，その分を差し引くと，社会的限界費用の線に相当する分だけの資源しか社会からは失われていないと考えられるのです。

　これを別のかたちで表現すると，右側の図のように，生産に正の外部性があることによって，直接的な消費者の受け取る価値を表す需要曲線と社会全体にもたらされる価値とが外部性の分だけ乖離している状態だと考えることもできます。こちらのほうがわかりやすいかもしれません。

　このように生産に正の外部性があるとき，社会的に最適な状態よりも取引量が過小になっているため，補助金などを通じて取引量を増加させることが望ましくなります。ここでは図8.4の左側の図を使って考えることにしましょう。

　この場合，私的費用と社会的費用の乖離の幅をちょうど埋めるように適切な補助金（1単位あたりxの補助金）を出すことで外部性を内部化できます。これは生産者側に補助金を出すことを考えても消費者側に補助金を出すことを考えても社会的に最適な状態が達成可能ですので，実際に図を描いて確認してください。

消費に外部性がある場合

　これまでは生産に伴い，負または正の外部性がある場合を考えました。この章の最初に説明したように，生産だけでなく消費によっても外部性は発生します。

　すでにインフルエンザの予防接種を受けることには正の外部性があること，またガソリンの消費（自動車の運転）には排気ガスを出すことや交通事故が発

生する可能性により負の外部性があることを説明しました。これらの外部性についても適切な税金や補助金を用いることで内部化できます。

　例えば予防接種に補助金を出すことやガソリンの消費に対して課税することなどが現実にも行われています。これらについても，生産に外部性がある場合の分析を参考にして，図を用いて最適な政策を検討してみてください。

CHECK POINT

□ 1 生産に正の外部性があるとき，社会的に最適な状態よりも取引量が過小になります。このとき適切な補助金を与えることにより，最適な状態を実現することができます。
□ 2 消費に正の外部性や負の外部性がある場合にも，適切な税金や補助金を用いることで外部性を内部化できます。つまり社会的に最適な状態を実現できます。

5　外部性の問題を解決・軽減するための取り組み

政府による取り組み

　これまでは市場取引にまつわる外部性の問題を，生産に伴う外部性と消費に伴う外部性とに分けて検討してきました。そして社会的に最適な取引量を実現するためには，税金や補助金が有効であることを説明してきました。

　しかし外部性の問題を解決する，または軽減するために政府によって用いられる手段は，税金や補助金だけではありません。一般的に以下のような手法が有効であり，実際に用いられています。

1. 税金（ピグー税）や補助金を用いる
2. 直接的な禁止や義務化により行動をコントロールする
3. 特定の行為が行えないように，または難しくなるように技術的にコントロールする
4. 負の外部性を抑制するために技術的な対応策を用いる
5. 当事者間での合併や統合を行う
6. 取引を可能にするために権利を設定し，当事者間での契約を可能にする
7. 何もしない

税金や補助金以外の方法

まず1番目の**税金や補助金**についてはすでに説明しました。二つ目の**禁止や義務化**の例としては，交通事故を抑止するための速度規制や義務教育などが挙げられます。また自動車の排気ガス規制などもこれに当たるでしょう。

課税額をとても大きくすることは，実質的には禁止しているのと同じことです。例えば歩きタバコを全員に止めてほしい場合に，1回あたり1億円の課税をすることを考えてみてください。このような高額な税金は誰も支払うことができないため，実質的には禁止していることと同じ効果を持ちます。

三つ目の**技術的なコントロール**に該当するのは，交通事故を抑止するために自動車の上限速度をスピードリミッターにより技術的に制限してしまうことなどが挙げられます。また住宅地や学校の敷地内の道路などに，ハンプやバンプと呼ばれるカマボコ状の突起物を設置して，自動車の速度を落とすことなども技術的なコントロールに該当します。なお，これは負の外部性をもたらす行為自体を抑制する仕組みです。

四つ目の**技術的な対応策**というのは，工場に煙を無害化する装置を取り付けたり道にガードレールを設置することなどですね。これは排出量の規制があるとき工場が行うと考えることができます。こちらは行動自体は変えずに，悪影響のみを取り除く仕組みです。

五つ目は正の外部性や負の外部性の影響を与え合う当事者たちが**一緒になってしまえば，外部性ではなくなる**ということです。例えば，煙を出す工場の周辺住民が共同で工場を買い取ったとしましょう。このとき買い取った近隣住民は，自分たちが環境から受ける利益と工場の利潤の合計を最大にするような行動を選ぶようになるでしょう。

六つ目についてはコースの定理を説明した第2節ですでに扱いました。権利を明確に設定して，あとは当事者間の交渉に任せるやり方ですね。

何もしないという選択も

なお最後に挙げた**何もしない**ということが**最もましな選択である可能性**には特に注意してください。市場の失敗があるとしても，それに対して介入するのが難しかったり副作用が相対的に大きかったりする場合には，介入せずに放置す

るのが望ましいこともありえます。

　例えば，街を歩いているときに素敵な女性や男性を見かけると周囲の人々が幸せになるかもしれません。つまり美しい女性や格好の良い男性が街を歩くことは正の外部性をもたらすわけです。それでは，このような見た目が良い女性や男性が外出を増やすことに対して政府は補助金を出すべきでしょうか？　おそらく不要でしょう。なぜなら外部性の大きさを測定するのが困難ですし，政府が個人の外見の良さを認定する仕組を導入することは社会的に許容されないと思われるからです。

　もう一点注意していただきたいのは，外部性があることで発生する問題とは，それにより財・サービスの取引や利用が過剰または過小になることだという点です。そして，それに伴い総余剰が減少していること（＝死荷重の発生）が問題なのでした。よって仮に外部性があったとしても，人々の行動が最適な状態と比べて過剰・過小にならないときは介入が必要ないことや介入しないほうが望ましいこともあります。

　例えば，子どもが小学校に通うことには正の外部性があると考えられています。しかしすべての保護者が子どもたちを自発的に小学校に通わせているのであれば，義務化や補助金は不要だといえるでしょう。

CHECK POINT

□ 1　外部性の問題を解決または軽減するために，政府には税金や補助金を用いる，禁止や義務化を行う，特定の行為を技術的に難しくする，権利を明確に設定するなどの手段をとることができます。

□ 2　外部性の問題は，それにより取引が過剰や過小になることで死荷重が発生することであり，そのような問題が存在しないか（介入にかかる社会的な費用と比べて）小さい場合には，政府による介入は不要となります。

EXERCISE ●確認・練習問題

【確認問題】

8.1　大学の講義時間中に周囲に聞こえる声で学生が私語をしている状況を考えてみましょう。これはどのような種類の外部性だといえるでしょうか？　説明してください。

8.2　第3節において，「一部の人にとっては正の外部性だと認識される行為が，

同時に他の人には負の外部性をもたらすこともある」ことの例として，商店街の
うなぎ屋さんと駅前の弾き語りを挙げて説明しました。それでは他にどのような
ものがあるでしょうか？　具体例を探してみましょう。

8.3　企業が公害を出すことがあっても生産量をゼロにすることが社会的に最適
とは限らないことを本章では図 8.3 を用いて説明しています。それでは生産量を
ゼロにするのが社会的に最適になるのはどのような場合でしょうか？　図示して
みましょう。

【練習問題】

8.4　オーストリアのウィーン市では，2010 年 7 月 1 日より，気性の荒い大型犬
（12 種類とそのミックス犬が対象とされています）を飼う場合には免許が必要に
なりました。この免許を取得するためには受験料 25 ユーロを支払って筆記試験
と実技試験を受ける必要があります。なお免許を持たずに指定された種類の犬を
飼っていた場合には罰金の最低額として 1000 ユーロが科されることになってい
ます。制度の詳細は https://www.wien.gv.at/english/environment/animal-protec
tion/dog-licence.html をご覧ください。
　このように特定のペットを飼う際に免許が必要という制度はなぜ必要と考えら
れるのかについて，この制度ではすべての犬種を対象としてはいないことに注意
して理由を述べなさい。

8.5　ある自治体において，夜 8 時以降に家族以外が家に集まってパーティーを
行うことを禁じる条例が提案されているとします。この条例案は，地元の議員が
近所にできた学生向けのワンルームマンションから発生する騒音に悩まされたこ
とから提案されたものです。
　このような条例にはどのような問題があるでしょうか？　憲法で認められた集
会の自由（第 21 条 1 項）に抵触するということも重要ですが，ここでは経済学
的に考えてみましょう。
　コースの定理の考え方を参考に，より望ましいと考えるルールを少なくとも一
つ提案し，パーティーを禁止するルールよりもどのような点で優れているのかを
説明しなさい。

Column ㉑　建築物の外部性

　日本では，皆さんが仮に高いお金を出して土地を購入したとしても，そこに
好きな建物を自由に建てることはできません。なぜなら建築物を作る際には，

建築基準法などのルールを満たすことが求められるからです。それではどのようなルールが定められているのでしょうか？

　建築基準法による規制には，大きく分けると単体規定と集団規定があります。単体規定とは，その建築物自体の安全性に関して定められている最低基準であり，例えば建物の強度や防火性などが基準を満たしていることが求められます。

　これに対して集団規定とは，その建築物と周辺地域との関係を考えて定められている最低基準であり，例えば建物の大きさや高さ，また用途などが制限されることになります。したがって，建築物の集団規定とは，外部性をコントロールするためのルールであるといえます。

　その土地にどのような建物を建てることができるのかという都市計画や用途地域の内容は，自治体の窓口でも教えてもらえますしインターネットなどでも簡単に調べることができます。例えば東京都の場合は，https://www.toshiseibi. metro.tokyo.lg.jp/keikaku_chousa_singikai/keikaku.html のページから探すことができます。

　自分の住む街について，どの地域にはどのような規制がかかっているのか，またなぜそのような規制になっているのかを地図を見ながら考えてみるのも面白いですね。

Column ㉒　なぜすべての犯罪者を死刑にしないのか？

　本章では，負の外部性をもたらす行為を抑制するために「歩きタバコを全員に止めてほしい場合に，1回あたり1億円の課税をする」という極端な例を紹介しました。しかしこのような課税や過大なペナルティーを科すことは現実には行われていません。なぜでしょうか。

　十分に大きなペナルティーを設定すれば犯罪行為を防ぐことができるのであれば，歩きタバコだけでなく万引きや痴漢などについて，何をやっても死刑とすれば犯罪を撲滅できるはずです。

　しかし現実にはそうなっていません。これは法学では罪刑均衡の原則などといわれるのですが，重い犯罪には重罪を，また比較的軽い犯罪には軽い刑罰を科すというルールが存在しています。

　仮にすべての犯罪行為に対して死刑が科される場合，犯罪を抑止する機能が強くなるだけではなく，深刻な副作用が存在します。それは「どうせ犯罪を犯すなら，極端なことをやったほうが得になる」と犯罪者が考えることによりま

す。

　例えば，生活に困った人が住宅に窃盗に入った場合を考えてみてください。しかし空き巣のつもりで入った家に居住者がいて顔を見られたとすると，犯人は，窃盗犯として捕まって死刑に科されるか，それとも居住者に危害を加えて証言できなくするかという選択に迫られることになります。このとき後者が選ばれる可能性があるのです。このように刑罰の均衡がない場合には，重い犯罪行為に誘導してしまうことを考えると，現在の仕組みには一定の合理性があるといえるでしょう。

　また軽微な犯罪に対しても重罪を科すルールがあるとき，犯罪を取り締まる側が不正行為をするインセンティブについても考慮する必要があります。2020年10月に北海道において自動車のスピード違反を捏造していた件で警察官が逮捕されました。これは実績を挙げたかったという理由で行われていたようですが，重罪を科すルールがある場合には，違法行為をしていない人に対して法律を執行する機関の人間が「罪に問われたくなければ，金を寄越せ」などと脅すようになることが考えられます。

　実際に発展途上国の一部では，警察官が賄賂を求めたり，言いがかりをつけて金銭を要求したりすることもあるといわれていますが，軽微な犯罪でも重罪となれば，このような行為が蔓延しかねません。

　このように法制度やペナルティーの決め方を考える際には，さまざまな当事者がどのように行動するのかをよく考えて制度設計をする必要があるのです。

第**9**章

公 共 財

公共財は市場では供給されない！

価格理論　　　ゲーム理論

© 2021 Ryoko Takahashi

INTRODUCTION

　この章では，公共財について考えます。まず，公共財とはどのような財・サービスのことなのかを説明します。公共財とは，公共性の有無とは直接的には関係なく，非排除性と非競合性という二つの性質を満たす財・サービスのことです。その上で，なぜ公共財が政府によって直接的に供給される必要があるのか，また民間企業が供給する場合であっても政府による支援が必要になるのかを考えます。

1 公共財とは？

非 競 合 性

公共財とは，どのような財のことでしょうか？ 文字どおり捉えると，公共性のある財ということになるのですが，実は公共性の有無とは直接的に一致するわけではありません。

経済学では，公共財とは，**排除可能性も競合性もない財**のことを指します。これらの性質を非排除性と非競合性といいます。それでは排除可能性と競合性とはどのような性質なのかを順に説明しましょう。

まず競合性から考えることにします。競合性とは，**複数人が同時に利用することが難しい**という性質を指しています。ただし，どの程度の人数が同時に利用することができるかというのは程度問題であるともいえます。

例えば，リンゴを食べるということを考えると，誰かが食べてしまえばそのリンゴはなくなってしまうため，利用が競合するといえます。しかしこのリンゴを絵画教室におけるデッサンの題材として使う場合にはどうでしょうか？ 5人や6人くらいならば，同時に絵の題材にできるでしょう。しかし100人というのは難しそうですね。後ろの席からはよく見えません。それでは大規模な花火大会で打ち上げられる花火はどうでしょうか？ 東京で行われている隅田川花火大会のようなものを想像してください。おそらく数十万人が同時に楽しむことができます。

公共財の条件の一つである**競合性がない**とは，**複数人が同時に利用可能だ**ということです。しかし，このように考えると，リンゴや花火といったような一般的な名称だけでは，その財・サービスに競合性があるとかないといった言い方はできないことがわかります。食べるためのリンゴや手持ち花火は利用が競合するし，デッサンの題材としてのリンゴや大規模な打ち上げ花火は利用が競合しないため，具体的にどのような財・サービスをどのような使い方をするなら競合するのか，しないのかを考える必要があるのです。

非排除性

それでは排除可能性とはどのような性質なのかについて考えましょう。これは，**お金を支払っていない人が勝手に利用することを防ぐことができる**という性質です。反対に，排除が難しいというのは，例えば，上で挙げた大規模な花火大会を考えると，花火を見ることができるすべての人から対価を徴収するのは難しそうです。近所の住人やたまたま近くを通りかかった人に対して「花火が見えたのだから金を払え」といっても，応じてくれる人は少ないのではないでしょうか？

公共財の条件である非排除性について考えるときには，**技術的に排除できない**と考えるよりも，**結果的に排除をしていない**と考えたほうがわかりやすいでしょう。排除していない理由として，そもそも技術的に排除が不可能な場合と，やろうと思えば排除できないわけではないが，それには多大な費用がかかるために，あえて排除していないという二つのケースがあるのです。

あえて排除していないケースについては，具体例を考えたほうがわかりやすいかもしれません。例えば，東京ディズニーランドで毎晩行われる花火大会について考えたときに，周りをとても高い壁で覆ってしまえば排除は可能です。入場料を支払って壁の中に入らなければ，花火が見えないからです。しかしパーク内にいるときに感じるであろう圧迫感の問題や費用対効果を考えると，おそらくそのような選択は行われないでしょう。

これは一般道路などを考えても似たような性質があります。高速道路などのように，対価を支払わない人の利用を排除する道路もあるわけですが，すべての道路で課金するのはなかなか費用が高いのが現状です。ただしそれも今後は状況が変わるかもしれません。例えば車の移動をカーナビですべて記録することを義務化して，道路の利用距離に応じた課金をすることは，すでに技術的には可能だからです。

公共財の例

公共財とは，利用が競合しないという性質と利用から排除できない（または排除するのは割に合わないために排除していない）という性質の両方を満たす財・サービスのことですが，これら二つの条件を完全に満たす財・サービスはそれほ

ど多くはありません。よく挙げられるものとして，国防や防災，またきれいな空気を維持することなどが挙げられます。

　例として防災について考えてみましょう。川が氾濫することで下流地域に住む人々の住宅や資産が損なわれる可能性があり，上流にダムを作ることによって川の氾濫を防ぐことができるとしましょう。

　それでは公共財の条件を満たしているのか確認してみましょう。まず，このような治水というサービスの利用は競合しません。誰か新たな住人が引っ越してきたからといって既存住民の受けるメリットが低下するわけではないからです。またメリットを受ける人から直接的に対価を徴収するのも難しいでしょう。下流に住む住民全員から，個々人が受け取るメリットに応じた対価を徴収するというのは非現実的です。そして仮に現在の住民からは徴収できたとしても，工事が行われた後に引っ越してきた人などは，メリットを受けているのに対価を支払わないですむことになってしまいます。

┃ 準公共財とは？ ┃

　公共財とは，非排除性と非競合性という二つの条件を満たす財・サービスですが，これに対して排除もできるし利用も競合する通常の財・サービスのことを私的財といいます。食べるためのリンゴは私的財ですね。

　さて，公共財と私的財以外に，非排除性と非競合性のうちの片方だけを満たしている財・サービスなどもあり，これを準公共財といいます。これらの関係を表9.1にまとめました。まず利用は競合するが排除が難しい財としては共有資源といわれるものがあります。例えば海の魚などを考えればよいでしょう。誰かが魚を釣って食べてしまえば，他の人はその魚を捕れなくなってしまいます。つまり競合します。しかし他人が魚釣りをすることを防ぐのは多くの場合は難しいでしょうし，技術的に可能であってもそれなりに大きな費用がかかると思われます。

　反対に競合しないが排除できる財の例としては，自然独占の性質を持つ財やクラブ財と呼ばれるものなどが挙げられます。自然独占とは，その財・サービスを提供する際に，とても大きな固定費用がかかるのに対して，顧客を増やしたとしても，追加的に発生する費用（限界費用）がとても小さいという性質を持つ財・サービスのことです。

競合 排除	する	しない
する	私的財	準公共財 （自然独占） （クラブ財）
しない （できない）	準公共財 （共有資源）	純粋公共財

　例として，ネットワークの形成と維持に大きな費用がかかる電気・都市ガス・水道などについて考えてみましょう。これらのネットワークは，ほぼ追加費用ゼロで誰かが新たに利用を始めることができるという意味で利用は競合しません。例えば誰かが新たに家を建てて，水道の契約をしたことによって，他の家庭での水の利用が妨げられることはないからです。

　最後に**公共性のある財・サービスと公共財とが一致するとは限らない**という点を確認しておきましょう。例えば，学校教育というサービスは公共性があるように思えます。しかし，ある程度の児童・生徒数までは競合しませんが排除は可能です。また医療や介護サービスなども公共性が高いと思われますが公共財ではありません。その利用は競合する上に排除も可能だからです。

CHECK POINT

□ 1 公共財とは，非排除性と非競合性という条件を満たす財・サービスのことです。
□ 2 非排除性とは，対価を支払わない人による利用を排除するのが難しいこと，また非競合性とは，複数人が同時に利用できることを意味します。
□ 3 公共性のある財・サービスと公共財とが一致するとは限りません。

公共財の効率的な活用

利用が競合しない財・サービスの効率的な活用方法

　ある財・サービスを利用することに競合性がない場合には，消費者が利用する際の限界費用がゼロであるといえます。例えば知識などは利用が競合しません。摩擦を利用して火をおこす技術や二次方程式の解の公式などを考えてみましょう。

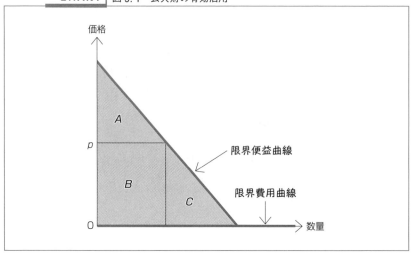

価格

A

p

限界便益曲線

B

限界費用曲線

C

O 数量

　注目している財・サービスの利用が競合しないとき，価格をゼロとして，**利用希望者全員が使えるようにすることが効率的**です。

　このことを図9.1を用いて確認しておきましょう。この図には，まず注目している財・サービスを利用することの便益（得られる満足度を金銭換算したもの）を高いほうから順に並べた限界便益曲線と，それだけの利用を可能にするために必要となる費用を表した限界費用曲線（ここでは限界費用はゼロです）が描かれています。

　ここで利用する際に，例えばpのような対価を徴収してしまうと，実現する総余剰は$A+B$となり，Cの部分が死荷重になってしまいます。これに対して，価格をゼロにして，すべての使いたい人が利用できるようにすれば，総余剰が$A+B+C$となるのです。

　したがって，利用が競合しない財・サービスは，仮に排除可能であっても排除しないことが総余剰を最大化する観点からは望ましいことだといえます。

　ここで誤解されやすいのは，**利用が競合しないということの意味**です。例として，数学の授業で習う二次方程式の解の公式について考えると，自分だけでなく他の人も解の公式を知っていると，正解者が増えるでしょう。その意味では，一見すると競合するように思えるかもしれません。しかし競合するというのは，あくまで食べるという使用目的の場合のリンゴのように，他人に与えると自分の分は消えてしまうということを意味します。他人に解の公式を教えた

としても，自分もその知識を使い続けることができますので，やはり知識の利用は競合しないと考えるわけです。

公共財の供給とフリーライダー問題

　財・サービスが公共財の性質を満たしているとき，多くの場合，誰も自分で供給したいとは思いません。なぜなら自分以外の誰かが供給してくれれば，自分はそれにただ乗りできるからです。このように誰も自分では供給したいとは思わずに他人に期待するために，結果的に供給されなくなってしまう状況をフリーライダー問題が発生しているといいます。

　また，「得られる便益に見合ったかたちで皆でお金を出し合って，公共財を作ろう」という話になったとしても，自分が公共財からどのくらいの便益を得るのを尋ねられたときに，その回答が費用負担に結び付くとしたら，やはり正直に申告しようとは思わないでしょう。このようなやり方もうまくいきません。

　競合しないという性質と排除が難しいという性質の両方を持つ純粋公共財の場合には，民間企業が供給することは考えにくいのです。なぜなら対価を得られないからです。例外的な状況としては，公共財を供給することによって，地域の消費者からの評判が高くなり，結果として本業の儲けが増えるといったケースが考えられます。しかしこのようなことは多くはありません。そこで政府の出番が生まれます。

　一般道路や警察・消防など，サービスの供給にかかる固定費用は大きいが限界費用がゼロであったり非常に小さかったりする場合には，先ほども説明したように，無料にして多くの人に使ってもらうことで総余剰を最大にすることができます。このような場合には，**その費用を政府が賄うことが求められるわけ**ですが，注意していただきたいのは，**政府が直接的に実施する必要があるとは限らない**という点です。公共事業として民間企業に発注したり補助金などを用いて民間に実施させるほうが望ましいこともあります。

　例えば道路工事などを考えてみてください。道路整備のお金は国や自治体などが負担しますが，公務員が直接的に工事をするわけではありません。多くの場合において，民間の土木建設業者に入札を通じて発注しています。

☐ 1 利用が競合しない財・サービスは，利用希望者全員が無料で使えるようにするのが効率的です。

☐ 2 公共財の性質を満たしているとき，フリーライダー問題が発生するため，多くの場合，誰も自分で供給したいとは思いません。

☐ 3 公共財の供給には，政府による資金提供が必要となることが多いのですが，政府が直接的に供給する必要があるとは限りません。

3 公共財供給の決定

費用便益分析の必要性

ダムや橋の建設といった公共事業は，それが公共財であることから政府による取り組みが期待される分野だといえます。しかし公共財であればどのようなものでも取り組んでよいわけではありません。それでは政府はどのような事業ならば行うべきなのでしょうか？

その判断基準は，費用便益分析と呼ばれる手法によって示されます。例えばまったく競合しない財・サービスであるなら，自由利用とした場合に最も有効活用されることになりましたね。このとき料金をまったく課さない場合において発生する便益（＝利用者が得る満足度の総和）が費用（建設にかかる固定費用と維持費用などを合わせたもの）を上回るならば，政府が供給したほうがよいということになります。

ここで思い出していただきたいのは，理想的な取引環境を考えたときには，どの財・サービスをどのくらい作るかということは，生産者側が相場の価格を見て自由に決めればよかったという点です。消費者側も生産者側も需要関数の形状などについての知識は不要でした。しかし公共財については，政府が供給するか否か，また供給するとしたらどの程度の規模でやるのかを考える必要があります。

なぜならフリーライダー問題が発生していて誰も自分からは対価を支払おうとはせず，結果として市場が成立していないからです。

「便益 − 費用」と「便益／費用」の違い

　費用便益分析では，便益から費用を引いた**純便益**がゼロより大きいことや便益を費用で割った**費用便益比**が 1 を超えていることなどが判断基準として考えられるわけですが，両者には違いがあることに注意してください。

　例えば，ある川に橋を架けることを想像してみましょう。ここで設計会社から提示されたプランとして，10 億円の便益がある橋を 5 億円の費用で作るプラン（＝豪華プラン）と 3 億円の便益が発生する橋を 1 億円で作るプラン（＝シンプルプラン）があったとします。政府にとって，どちらのプランのほうが望ましいでしょうか？

　実は便益から費用を引いた純便益で考える場合と費用便益比で考える場合とでは，これら二つのプランの評価はまったく違う結果になります。純便益の観点からは，10−5＝5 ＞ 2＝3−1 なので豪華プランのほうが望ましいといえますが，費用便益比を考えると豪華プランは比が 2（＝10/5）であるのに対してシンプルプランは比が 3（＝3/1）であるため後者のほうが望ましいといえるでしょう。

　それではどちらの判断基準を用いるべきでしょうか？

　橋を架けるという目的のために，政府は税などを通じて資金を集めるわけですが，それを自由に行うことができるとすれば，純便益が大きくなるプランを採用すべきです。つまりこの場合では豪華プランを採用したほうがよいといえるでしょう。

　しかし現実には，この橋を架けるという事業だけでなく，政府は他にも数多くの事業を行わなければなりませんし，必要なだけの予算を組むことができるわけでもありません。このとき限られた予算を有効活用するという観点からは，費用便益比を重視することが正当化されます（これは常に機会費用を考える必要があるということです）。

　例えば，便益が 10 億円で費用が 5 億円の公共事業計画と便益が 3 億円で費用が 1 億円の公共事業計画がそれぞれ多数存在しているとしましょう。このとき政府の年間予算が 5 億円だったとします。このような予算制約がある場合には，純便益が高い計画よりも費用便益比が高い計画を採用するほうが望ましいといえるでしょう。なぜなら純便益が高い計画は，5 億円の予算制約のもとで

は一つしか実現できないため，10億円の便益となりますが，費用便益比が高い計画であれば五つも実施できるため，15億円の便益が生まれるからです。

このように費用便益分析を考える場合にも，どのような**判断基準を採用するべきかは状況によって変わる**ことに注意が必要です。

なぜ需要予測は外れるのか？

例えば川崎と木更津を結ぶ東京湾アクアラインを考えると，当初の需要予測が大きく外れてしまい，結果として大幅な赤字になっているそうです。このように便益の推計が過大であったことが事後的に判明すると，事前の定量的な評価が甘かったのではないかという批判や建設ありきで予測の数字を決めたのではないかという指摘が行われることになります。

ここで疑問となるのは，**なぜ費用便益分析が外れる**のかという点です。建設ありきで甘い予測を出したのでしょうか？ もしかしたら建設業者からの賄賂などがあったのでしょうか？

このような問題を考える際に注意していただきたいのは，予測は完全ではなく限界があるということです。建設ありきではなく公正に需要予測が行われたとしても，予想が当たる場合だけでなく，下に外れる場合（＝需要を過剰に推計した場合）も上に外れる場合（＝過小に推計した場合）もあるでしょう。

それではどのような場合に工事が行われるのでしょうか？ 図9.2を見ながら考えてみましょう。この図は，まず費用には不確実な要素がまったくないものとして，すべての公共事業の提案について推計された便益を費用で割った比率を横軸に，また実際の便益を費用で割った比率を縦軸にとって描いたものです。したがって45度線上の提案は，予想が完全に当たっていることを意味します。

図の A のようなプロジェクトは，費用の大きさを1としたときに，事前の予想される便益が1を超えているために実施されます。これは実現する値も1を超えているので望ましい判断です。これに対して，B のように事前予測よりも実際の数字が上にぶれることや C のように下にぶれることもあるでしょう。しかし実際の便益が1を超えていれば大きな問題とはならないでしょう。

これに対して図の D のようなケースが問題となります。事前の予測では費用便益比が1を超えているために実施されるのですが，実際には費用を下回る

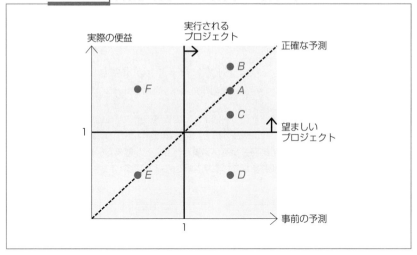

便益しか実現しないからです。

　それでは図の E のケースはどうでしょうか？　この事業は便益の事前予測が1を下回っているために実施されません。これは望ましいことです。しかし実施されない提案の中には F のように，実際には大きな便益があるのに予測が低すぎるという可能性もあるのです。

　費用便益分析をもとに建設の意思決定が行われるとすると，適切な予想が行われた場合（A のケース）や過剰に推計された場合（D のケース）には工事が実施されますが，過小に推計した場合（F のケース）には工事が行われないことになります。

　つまり実際に工事が行われた事業だけを事後的に観察すると，需要予測が当たっているものと予測が過大だったものがほとんどになることが考えられるのです。なにしろ過小に推定したものは実施されないのですから。このように観察されたものだけを見ると片方に偏っているように見えることをセレクションバイアスといいます。

　一見するとおかしなことが起こっているように見えたとしても，だからといって不正が蔓延しているとは言い切れないわけです。

　誤解していただきたくないのですが，ここでの説明は意味のない公共事業を正当化しようという目的で行っているわけではありません。事後的に失敗に終わる公共事業に対するペナルティーを強化してしまうと，本来はやったほうが

よい事業まで抑制される可能性があるため，不正があると簡単に決めつけるのは望ましくないということを理解してほしいのです。

しかし，もちろん不正があるケースもあるでしょう。よって公共事業の費用対効果については，事後的な検証を丁寧に行うことが重要となるわけです。

EXERCISE ●確認・練習問題

【確認問題】

9.1　公共財とはどのような財のことを指すのでしょうか？　その定義を説明しなさい。また一見すると公共財に見えるが実はそうではないもの，また公共財には見えないが実は公共財であるものを一つずつ挙げなさい。

9.2　大学の演習などでグループワークをすることを考えてください。数人からなるチームに分かれて作業を行い，その成果物が教員により評価されて成績が決まります。このときチーム内でフリーライダー問題が発生する可能性がありますが，このケースと本章で学んだ公共財の供給の話とどこが同じであり，どこに違いがあるのかを考えてみましょう。

9.3　費用便益分析は国や自治体で具体的にどのように実施されているのでしょうか？　自分が住んでいる自治体における具体例をインターネットで調べてみましょう。

【応用問題】

9.4　私たちの社会では，公共性が高い仕事を公務員とそれ以外の人々の両方が行っていることが多く見られます。例えば，国公立の小学校の先生は公務員ですが私立学校の場合にはそうではありません。また市営バスの運転手さんは公務員ですが民営バスの運転手さんは違います。このように提供されるサービスに公共性が高いかどうかと，その仕事を公務員が行うかどうかは必ずしも一致しません。

このような公共性が高い仕事について，以下の問に答えなさい。

(1) 同じ仕事を公務員と民間人の両方が行っている例として他にどのようなもの

があるでしょうか？　具体例を挙げてください。

(2)　公的な仕事を公務員が直接行うのではなく民間企業に任せることにはいくつかのメリットがあります。どのようなメリットがあるのか説明しなさい。

9.5　年金型生命保険の保険金に対して，現状では相続税と所得税の二重課税になっているとして遺族が訴えた裁判において，平成22年7月6日に「所得課税は違法」とする最高裁判所の初の判断が下されました。それにより同様のケースにおいて，他の人々も支払いすぎた税金を取り戻すことができるようになりました。そしてこのような最高裁判所の判決とその論理構成は，判例として今後の裁判所の判断に大きな影響を与えることにもなるでしょう。

さて，このような影響の大きい裁判では，自らが原告となって大きな訴訟費用を負担するよりも（金銭的負担だけでなく機会費用を考える必要があります），誰か他の人が同様の訴えを起こしてくれれば，その判決にただ乗りできることになります。

よって，このように影響が及ぶ範囲が大きい訴訟の提起は，社会的に見て最適な水準よりも過少になることが予想されます。

この問題を解消・軽減するためにはどのような施策が必要であるかについて，その施策にどのような弊害があるのかにも言及するかたちで提案してください。

Column㉓　公共財と外部性の関係

公共財とは，非排除性と非競合性という条件を満たす財・サービスのことですが，これはその財・サービスの生産に極端に大きな正の外部性があるケースであると考えることもできます。なぜなら，そのような財・サービスが一度作り出されると，多くの人たちが同時に満足度を得ることができるからです。

正の外部性がある場合には，その財・サービスの供給が社会的に見て最適な水準よりも過小になるということを第8章では学びましたが，公共財の場合には，その極端なケースとして，民間の経済主体は通常は供給しようとはしないという意味で過小供給になります。

しかし公共財が私的に供給されることもあります。例えば，売り出し中のミュージシャンが，自分の音楽や映像作品を，インターネット上の動画公開サイト（YouTubeなど）で無料公開するようなケースを考えてみましょう。

まず音楽や映像作品がインターネット上で公開されると，非排除性と非競合性を満たすので，これは公共財だといえます。それではなぜこのミュージシャ

ンは，それなりに製作に費用がかかったはずの作品を無料で公開するのでしょうか？

それは，まずは無料公開によって知名度を上げてから，別の作品を有料販売することで儲けようとしているといった理由や，CD の販売で儲けようとするのではなく，コンサート活動などから利益を得ようとしているといった理由が考えられます。もちろん，動画配信サイトから収入を得られるケースもありますが，それはかなりの再生時間や視聴者数が確保されてからの話です。

他の例としては，民放テレビ局による無料のテレビ放送が挙げられます。この場合も，視聴者からは対価を徴収しませんが，コマーシャル料としてスポンサーから収入を得ることや放送した番組を特典映像付きでパッケージ販売（DVD やブルーレイディスクなど）をすることで利益を得ていると考えることができます。

公共財が私的に供給されている例として，他にどのようなものがあるか探してみてください。

第 **10** 章

情報の非対称性

取引に必要な情報を知っている人と知らない人がいると？

© 2021 Ryoko Takahashi

INTRODUCTION

　この章では，情報の非対称性がもたらす問題について考えます。情報の非対称性とは，人々が取引を行う際に，当事者の一方が他方よりも多くの情報を持っている状況のことです。このような非対称性がある場合には，情報を持たない側が損をすることを怖れて疑心暗鬼になり，本来ならば互いの利益になるはずの取引が抑制されてしまいます。この問題に対処するために，当事者がどのような工夫を凝らすのか，また政府に何ができるのかについて考えることにしましょう。

1 情報の非対称性とは？

情報が非対称であるとは？

潜在的に取引関係にある当事者のうちの一部だけが知っている情報があり，それ以外の人がその内容を知らないとき，情報の非対称性があるといいます。

具体例をいくつか挙げてみましょう。まず，高校生が進学する大学を選ぶときに，どのような大学にどのような教員がいて，何が学べるのかをよく知らないことが考えられます。もちろん大学側もさまざまな情報提供をしますし，高校生の側も情報収集を行うでしょう。情報を知らないままに選択するのは怖いので，大学案内パンフレットやホームページを読んだり，高校の先輩から話を聞いたりするはずです。

しかし，高校生側が正確な情報を手に入れることができるとは限りません。パンフレットやホームページには良いことしか書いていない可能性があるからです。それではどうすれば正確な情報を入手できるのでしょうか？

一方で，大学の側から考えたときにも，ある受験生を学生として受け入れるか否かは簡単な問題ではありません。その受験生が入学したときに，どのくらい真面目に勉強して良い結果を出すのかがわからないという情報の非対称性が存在するからです。ここで，面接試験を実施して，本人に対して「あなたは真面目に勉強しますか？」と聞いても，おそらく「もちろん勉強します！」という答えしか返ってこないでしょう。全員が同じ返事をするので区別できません。それではこのケースではどうすれば正確な情報を得られるのでしょうか？

次の例は，私たちが店で買い物をするときのお話です。スーパーで食品を買うとき，私たちは商品の色や形，また賞味期限や価格を見てから，買うかどうかを決めます。そして賞味期限が短ければ，あまり高い価格を支払いたいとは思わないはずです。

それでは店側はなぜ賞味期限を表示するのでしょうか？ 牛乳や鶏卵にこのような表示があると，賞味期限がより長い商品だけを買われてしまう可能性があります。皆さんの中にも，冷蔵ケースの手前側にある商品ではなく，奥にある新しい商品を選んで買ったことがある人も多いのではないでしょうか？

ここで仮に法律上の表示義務がなかったとしても，結局は，**適切な情報提供をしたほうが店の得になる可能性**も十分にあります。お客さんの中には，質の悪い商品を購入することで損をしたくないから，表示がない店では買わないという選択をする人も多いと思われるからです。

最後に，保育園に子どもを預けることを考えてみましょう。皆さんに将来子どもができて，その子を保育園に預けることを想像してみてください。そして，ある日，かわいい息子や娘がちょっとした怪我をして帰ってきたとします。このとき親としては，なぜ怪我をしないようにちゃんと見ていてくれなかったのかと，とても不満に思うでしょう。

しかしここにも情報の非対称性が存在します。ちゃんと面倒を見ていたとしても，子どものことですから，転んで膝を擦りむくくらいのことはあるかもしれません。しかし保育園の担当者がちゃんと面倒を見ていなかったために怪我をした可能性もあります。

このように仕事を任せた相手が**適切な努力をしていたのかしていなかったのかがわからない状況**のときには，事後的に言い訳の余地があることになり，担当者が手抜きをする可能性が生まれます。その結果として，子どもが適切な扱いを受けるかわからない親としては，保育園の利用をあきらめるかもしれません。

このケースも，仮に情報の非対称性がなければ成立したはずの互いにとって有益となる取引が，結果として実現しなくなってしまうという意味で，市場の失敗が発生していることになります。それでは，どうすれば保育園側に**適切な行動をとらせる**ことができるのでしょうか？

この章では，これらのような情報の非対称性に伴う問題について考えることにしましょう。

┃ 逆 淘 汰

情報の非対称性には，その非対称性が発生するタイミングに注目すると，二つの種類に分けることができます。基準となるのは，取引の当事者が売買などの契約を結ぶときであり，それよりも前なのか後なのかで区別します。

まず，契約を結ぶよりも前の段階から存在している品質についての情報について，情報の非対称性がある状況を逆淘汰（またはアドバースセレクション）といいます。これは適者生存という自然淘汰（ナチュラルセレクション）とは逆に，

質の悪いものだけが生き残ってしまうということから，このような名前が付けられました。なお逆選択という用語が使われることもありますが，逆淘汰のほうが本来の意味からは適切だと思われます。

　ここでは中古車の取引について，売り手と買い手が直接取引するケースを考えてみましょう。まず自動車の現在の所有者は，自分の車が事故を起こしたことがあるかとか，一見するとわからないけれど実は故障している箇所があるといった，取引の対象となる財の品質についての情報を，ある程度は正確に知っています。しかし購入希望者側は，そのような情報を知りません。

　このように品質について情報の非対称性があるとき，買い手はどのように行動するでしょうか？ おそらく質の悪い商品をつかまされたくないと考えて，売買に慎重になるでしょう。そして市場において良い商品と悪い商品が混在しているということを知っているなら，平均的には中程度の品質のものを手に入れられるだろうと考えることになり，買い手は中程度の金額しか支払おうとは思わないはずです。

　数値例を用いて説明しましょう。まずイラスト①にあるように，ある自動車メーカーの特定の車種を考えたときに，中古車の品質はゼロから1の間にランダムに散らばっていて，車の台数はたくさんあるとします。このゼロから1の

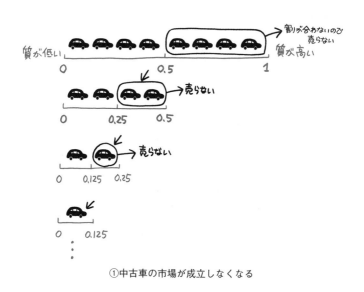

①中古車の市場が成立しなくなる

間の数字とは，仮に品質が判明していたら取引価格となるであろう適正価格のことだとします。したがって，情報の非対称性があるときには平均的な品質の中古車の適正価格である 0.5 くらいの金額しか買い手は支払おうとはしなくなります。

このことを前提とすると，売り手の行動が変化します。市場における平均である 0.5 よりも良い財を持っている売り手は，中程度の価格でしか取引できないのであれば，自分の車を手放したくないと考えるでしょう。安くしか売れないなら，売らずに自分で使ったほうがましだからです。この点については，売り手は価格が価値を上回る場合にのみ売ろうとするという点を説明した第1章第3節を確認してください。

すると，売り手のうちで平均よりも高い（つまり 0.5 よりも高い）品質の財は市場に供給されなくなり，売られるのは当初の平均以下の商品である 0 から0.5 までとなります（イラストの1段目から2段目への変化）。

このように市場に出回るのが平均以下の中古車だけになると，買い手が支払ってもよいと考える金額は，市場に出回っている中古車の適正価格の平均である 0.25 程度になるはずです。このとき相対的にましな商品を持つ人（0.25 から0.5 までの品質の中古車を所有する人たち）は，やはり市場で販売することを止めてしまうことが考えられます（イラストの2段目から3段目への変化）。

このようなドミノ倒しのような推論を重ねると，市場で売られている商品の平均は，全体の下半分のさらに半分の半分といったように，どんどんと低下していくことが考えられます。このように良いものから順に市場からいなくなってしまい，結局，市場が成立しなくなってしまうことは，売り手と買い手の双方にとって損失であるといえるでしょう（なおこの例では計算を簡単にするために，売り手にとっての車の価値と買い手にとっての価値が一致しているケース，つまり交換の利益が存在しないケースを扱っています。この設定を少し変えて，例えば，同じ品質の車に対して，買い手は売り手の 1.2 倍の価値として評価しているなどとしても，同様に「ドミノ倒し」と市場の不成立は発生します。本章末のコラム㉕を見てください）。

ここで問題となるのは，情報の非対称性があるときに，どのようにして望ましい取引を実現させるのかということです。

CHART | 表 10.1　逆淘汰とモラルハザード

	逆淘汰	モラルハザード
非対称性が 発生するのは？	契約前	契約後
どのような情報が 非対称なのか？	品質	行動

モラルハザード

　情報の非対称性の二つ目の種類は，**契約を結んだ後になってから発生する行動選択の情報について，情報の非対称性がある場合**であり，これをモラルハザードといいます（適切な訳語がないのでカタカナ言葉で表記されるのが一般的です）。

　第 2 章第 2 節では，成果に関係なく労働者の給料が固定給の場合には，努力をしないことが選ばれてしまうことを説明しました。モラルハザードとは，このように X さんが Y さんに対して仕事を依頼する際に，Y さんが適切な行動（ここではちゃんと働くということです）をとってもとらなくても結果が同じであるなら，適切な行動がとられないということを意味しています。

　誤解されやすい用語ですし，また新聞などでも誤用が目立つ言葉ですが，**モラルハザードとは「モラル（倫理観）がないこと」ではありません**。仕事を引き受けた Y さんは，自分が直面している経済環境や契約を前提としたときに，合理的な行動をとっているだけです。

　モラルハザードをモラルがないことから発生する問題だと捉えてしまうと，その対策は教育や啓発活動などを通じたモラルの向上といった方向に話がずれてしまいます。しかしここで必要なのは，仕事を依頼する側である X さんがうまく工夫をすることで，Y さんが適切な行動をとるように誘導するといった取り組みなのです。

　逆淘汰とモラルハザードの違いについてまとめると表 10.1 のようになります。逆淘汰とは，契約前に発生する品質についての情報が非対称である状況であり，モラルハザードとは，契約後に発生する行動選択についての情報に非対称性がある状況です。

2 当事者による情報の非対称性への対策

当事者たちにできること

情報の非対称性がある状況であっても，**当事者たちにはできることがたくさんあり，実際に行われています**。人々は，さまざまな取り組みを通じて，どうにかして互いの利益になる取引を成立させようとするのです。

以下では，逆淘汰とモラルハザードについて，私的な情報を持っている側と持っていない側にできることを検討していきます（その内容は表 10.2 にまとめられています）。その際には，具体例として，企業が労働者を新たに雇う際に問題となる情報の非対称性について考えることにしましょう。

ここでは，学生や失業者などの**求職者側が私的情報を持っている**とします。例えば，逆淘汰のケースであれば，求職者には真面目に働く人もサボり癖がある人もいるでしょうが，そのような性格については，求職者自身は知っているが求人企業は知らないという状況を考えます。またモラルハザードであれば，労働者として雇われた後になって，まじめに働いているか否かが企業側にはわかりにくいという状況を考えます。

スクリーニング

品質についての情報に非対称性があるとき，情報を持たない側（ここでは求人企業）にできることとしてスクリーニングがあります。スクリーニングとはふるい分けをするということで，具体的には，**複数の契約を提示して相手に選**

表 10.2　当事者による対策

	私的情報を持たない 側の対策	私的情報を持つ 側の対策
契約前の質に関する 情報：逆淘汰	スクリーニング	シグナリング
契約後の行動に関する 情報：モラルハザード	モニタリングと インセンティブ契約	

 図 10.1　複数の契約を提示して選ばせる

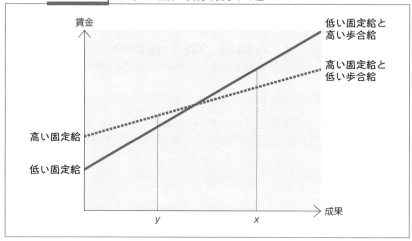

ばせることを通じて，相手の性質を知ろうとする行動のことです。なお，この複数の契約から選ばせるというのは，契約 A と B を提示して選ばせるようなかたちだけでなく，契約 A だけを提示して，これを受け入れるかあきらめるかを選ばせるようなかたちのこともあります。

　さて求職者には，能力が高い人と低い人がいて，企業はできれば能力が高い人を雇いたいとしましょう。このとき本人に対して「あなたは優秀ですか？」と尋ねても無駄だということはすでに説明しました。仕事を探している人は誰でも「はい！」としか答えないからです。

　大事なのは，能力の高い人と低い人とで異なる行動が選ばれるように，うまい契約のメニューを提示することです。

　図 10.1 では，成果に応じた賃金制度として，二つのプランが描かれていま

す。どちらも固定給と歩合給の組み合わせになっていますが，一つは実線で表された低い固定給と高い歩合給の組み合わせであり，もう一つは点線で描かれている高い固定給と低い歩合給の組み合わせです。このような二つの契約が提示されたとき，求職者はどちらを選ぶでしょうか？

それは求職者の能力によって異なるでしょう。能力が高い労働者は，1日あたり8時間の労働時間で図のxに相当する成果を出せるのに対して，能力が低い労働者は，図のyだけの成果しか出せないとします。このとき能力が高い労働者は，低い固定給と高い歩合給の組み合わせを選ぶでしょうし，能力が低い労働者は，高い固定給と低い歩合給の組み合わせを選ぶでしょう。どちらにとってもそのほうが得だからです。

このように情報を持たない側が，複数の契約を提示して相手に選ばせることを通じて，相手の質に対する情報を得ようとする行動は，他にもさまざまな場面で活用されています。

例えば，自動車事故の損害を負担してくれる保険を販売する損害保険会社は，（事故発生時の自己負担分である）免責金額が高い保険と低い保険の両方を販売しています。これは事故を起こしにくい人は前者を，また事故を起こしやすい人には後者を選ばせることを通じて，顧客のふるい分けをしているのです。

┃ シグナリング

品質についての情報に非対称性があるとき，情報を持っている側（ここでは求職者）にできることとしてシグナリングがあります。シグナリングとは，自分の能力に関する「信号」を相手に送るということを意味しています。

求職者の中には，能力が高い人と低い人がいますが，企業側からは，誰が高い能力を持つのかがわかりません。このとき能力が高い求職者にとっては，能力が低い求職者と一緒に扱われることで損していることになります。このとき，自分は能力が高いということを相手に伝えられれば自分の利益になるのですが，口頭で「私は能力が高いですよ！」といっても，それだけでは信じてもらえません。どうすれば信じてもらえるのでしょうか？

ここで能力が低い人にはできない（または費用がかかりすぎるためにやらない）ことを，あえてやってみせることがシグナルとして機能します。つまりシグナリングとは，情報を持っている側の中で質が高い人が行う行動です。例えば，就

②能力が低い人にはできないことを，あえてやってみせる

職活動をする学生が有名大学に在籍していたり難しい資格を取っていたりする
とき，仮に大学で学んだことや資格の内容が仕事とは直接関係しなくても，能
力を示すという意味で役に立つことがあります。大事なのは，信じてもらうた
めには，あえて費用がかかる行動をやってみせる必要があるということです
（イラスト②）。

　このように情報を持っている側のうちで質の高い当事者がシグナルを送る行
動は，さまざまな場面で目にすることができます。

　例えば，中古車販売店が一定の走行距離や１年間などの保証を付けて車を販
売することがありますが，これは自社で扱う車の質が高くなければできないこ
とです。このような保証があれば，買い手は安心して購入することができるで
しょう。

　また男性が女性に対して高価なプレゼントを贈ることがありますが，これも
真剣に相手のことを思っているということを伝えるためのシグナリングだと解
釈することができます。これは，遊びの付き合いであればやらないような行動
をあえてやってみせることで，相手にメッセージを伝えているのです。

モニタリング

　次に，契約後に発生する行動選択に関する情報の非対称性によるモラルハザ
ードへの対策として，当事者に何ができるのかを考えてみましょう。モラルハ

ザードの状況では，私的情報を持たない側（ここでは企業側）が対策をとることになります。

　まず行われるのがモニタリングです。これは仕事を依頼する側（こちらを専門用語ではプリンシパルといいます）が引き受ける側（こちらをエージェントといいます）を監視することを意味します。

　しかし，適切な行動をとっているか否かを直接的に監視することが容易であれば，そもそもモラルハザードの問題は発生しません。企業が労働者を雇う場合を考えたとしても，外回りの営業職の場合などは，監視が難しいでしょう。もちろん二人をペアで行動させるとか，1対1で監視を付けるなどをすれば別ですが，そのようなやり方は人件費がかかります。また営業職の労働者と監視役が結託してしまうかもしれません。このように考えると，営業職の監視役のそのまた監視役が必要になるという無限の連鎖が起きてしまいます。

　もちろん今日では技術的に可能な監視手法も多く存在します。例えば，保育園に子どもを預ける際に，契約で定められた通りの扱いを受けているのかを確認するために，監視カメラを設置することなどは技術的に可能です。またトラックやタクシーの現在位置を GPS 装置で確認することなどもできるはずです。

　しかしこれらの取り組みにも機器・装置などを設置して実際に運用する費用がかかります。また常に監視されているような労働環境は，あまり気持ちがよいものでないため，相当に高い賃金を支払わなければ労働者を雇うことができないかもしれません。したがってこのようなモニタリングという方法が採用されるかどうかは，そのような監視を行うことのメリットと費用の大小関係によって決まることになります。

　なお情報の非対称性があるとは，言い換えると，情報取得が物理的に可能ではあるが，そのための費用（つまり取引費用）が大きいことで発生している問題だと考えることもできます。この点は第 11 章で丁寧に扱います。

┃ インセンティブ契約 ┃

　プリンシパルがエージェントに仕事を依頼する際に，監視する以外にも，適切な努力が行われるように誘導する方法があります。それがインセンティブ契約を活用することです。

　インセンティブ契約とは，第 2 章第 2 節でも説明したように，歩合給のよう

な成果主義の部分を利用することで努力を引き出すような契約です。

　まず労働者が最も真剣に働くのは，自分の稼ぎのすべてが自分のものになるという**100％歩合給**の状況です。しかしこのような契約はあまり採用されません。なぜなら，**すべてのリスクを労働者が負担**することになってしまうからです（経済学では，結果にバラツキがあることを指してリスクといいます）。

　労働者が仮に真面目に働いていたとしても，やはり運不運があることは避けられません。営業職などを例として考えると，景気の良い悪いもあるでしょうし，天候によっても売り上げが変化することなども起こりえます。

　このとき例えば，8月の給料が30万円，9月はゼロ円，10月は50万円，11月はまたゼロ円などと大幅に変動することになるでしょう。普通の労働者はこのような変動を嫌います。

　月に25万円の給料を確実にもらうのと，月末にコインを投げて表が出たときのみ50万円もらえるのとでは，多くの人は前者を好むでしょう。このように平均的にもらえる金額が同じであっても，リスクがあることを嫌う性質のことを指して，労働者はリスク回避的であるといいます。プリンシパル（ここでは企業）とエージェント（ここでは労働者）の関係を考えたとき，多くの場合，エージェントの側のほうがリスクを嫌う程度が大きいことが考えられます。このときすべてのリスクをプリンシパル側が負うのが効率的なリスク分担となります。つまり労働者の賃金は固定額であることがベストだということです。

　まとめると，最適な動機付けとは100％の歩合給を設定することであり，また最適なリスク分担とは固定給を設定することです。しかし，これらは両立させることができません。つまり，インセンティブ契約を考える際に問題となるのは，**適切な動機付けと最適なリスク分担とが両立しない**点にあるのです。そこで，現実に選ばれるのは，ある程度の固定額とある程度の歩合給を組み合わせたかたちの賃金となります。

┃ 長期的関係の構築と評判 ┃

　ここまでの話では，当事者が仮に一回限りの取引を行う場合であっても，工夫を凝らすことで一定の情報の非対称性対策が可能であることを見てきました。

　現実の社会では，取引を繰り返すことで適切な行動へと誘導すること，つまり**長期的関係の活用**も行われています。一回限りの関係では望ましい取引が実

現しない例として，観光地の飲食店や土産物店があります。

　観光地で食事をしたときに，がっかりさせられたことはありませんか？　店の外に展示されているサンプルはとても立派だったのに，実際に注文して出てきたものは，サンプルとは程遠いものであることは，昔は多くありました。また土産物も，家に帰って開けてみると，上げ底がひどく，内容量が少ないこともよくありました。

　このような行為は，観光地の店にとってはお客さんとの関係は一回限りであることから引き起こされます。これに対して，街場のレストランなどは，常連のお客さんをつかまなければ経営が成り立ちません。このような場合には，お客さんを騙して短期的な利益をあげるのではなく，長期的な利益を考えて，それなりに誠実な経営をすることが考えられます。

　ところで長期的関係があると取引がうまくいくのは，**評判のメカニズムが機能する**からです。一度でも騙されたと感じたら，もう二度とその店には行かないという行動を皆がとっているときには，店側にとってお客さんを騙すことの利益よりも損失のほうが大きくなるということです。

　そしてこのような評判のメカニズムは，1対1の取引関係が長期的に続くことでしか実現できないものではありません。**口コミで情報が広がる場合**には，個々の消費者はそのお店を一回しか利用しないとしても，店側は悪評を恐れて適切な行動をとることが考えられます。

　最近は，飲食店などを評価する食べログのような口コミサイトのサービスがありますが，このような情報を利用して人々が店を選ぶとすると，店側は評判を維持することを意識しながら経営しなければなりません。

CHECK POINT

□ 1　逆淘汰への対策として，私的情報を持たない側にできることとしてスクリーニングが，また私的情報を持つ側にできることとしてシグナリングがあります。

□ 2　モラルハザードへの対策として，私的情報を持たない側にできることとして，モニタリングやインセンティブ契約の活用があります。

□ 3　長期的関係を維持することによっても，適切な行動を選択させることが可能になります。

３　情報の非対称性に対処するための政府の取り組み

情報公開の義務化

　ここまでは情報の非対称性があるときに当事者がどのような取り組みを行うのかを考えてきました。それでは政府にはどのような取り組みが求められるのでしょうか？

　情報の非対称性が問題となるのであれば，まず行われることは，**情報公開の義務化**です。例えば，企業と労働者の間での情報の非対称性として，職場環境の良い悪いがあります。企業としては，残業が多いことやノルマがきついこと，また給料が安いことから社員がどんどん辞めていくような環境であったとしても，そのことを積極的に公表しようとはしないことが考えられます。

　ここで政府による取引への介入として，企業に対して，残業時間や年代別の平均賃金，また平均勤続年数などの（求職者が比較しやすいかたちでの）公開を義務付けることは有益かもしれません。

　また本章の最初に賞味期限について書きましたが，加工食品には賞味期限か消費期限のどちらかを表示することが法律で義務付けられています。また弁当やサンドイッチなどのように傷みやすい食品には消費期限の表示が必要です。このようなルールも情報公開の義務化の一例だといえるでしょう。

資格制度

　情報の非対称性による問題の軽減策として，**資格認証制度を通じて情報を増やす**ことも有益です。例えば，ある人が中古マンションを購入することを考えているときに，その物件の耐震性能がわからないとなると，買うのを躊躇してしまうこともあるでしょう。そして耐震性能についての情報を入手するために建築に詳しいと自称する人に依頼して調べてもらったとしても，当人の技量が不明ならば，やはり安心して取引を行うことができません。したがって対策が何もないとすると，取引が抑制されてしまう可能性があるのです。

　そこで有益なのが，不動産取引における契約不適合責任のルールや資格認証制度の活用です。不動産の取引が行われる際には，売買の対象となる不動産に

欠陥が見つかった場合には，目的物が契約の趣旨に適合していないことから，買い主が売り主に対して，契約の解除や修理などを求めることができます（ただし当事者が合意していれば，一定の制限の下で契約不適合責任を免除する特約を付けた取引も可能です）。

　また建築の専門職として建築士があります。このような資格制度があれば，最低限の知識を持っているかどうかを容易に判断することができるでしょう。

CHECK POINT

□ 1 情報の非対称性に対する政府による対応として，まず情報公開の義務化が挙げられます。
□ 2 政府は，契約不適合責任のルールや資格制度の運用などを通じて，情報の非対称性による問題を軽減することができます。

EXERCISE ●確認・練習問題

【確認問題】

10.1　逆淘汰とはどのような現象でしょうか？ またその問題を軽減するために政府には何ができるのでしょうか？ 具体例を用いて説明してみましょう。

10.2　モラルハザードとはどのような現象でしょうか？ またその問題を軽減するために当事者には何ができるのでしょうか？ 具体例を用いて説明してみましょう。

10.3　あなたの身の回りで，人々に適切な行動を取らせるために長期的関係と評判が活用されている事例はあるでしょうか？ 探してみましょう。

【応用問題】

10.4　台湾では，財・サービスを小売店で購入した際のレシートが宝くじになっていて，2カ月に1度（奇数月の25日）に当選番号の発表があり，200元〜最高1000萬元が当たります（日本円に換算するとおよそ700円から3500万です）。

　台湾の政府当局は，なぜこのような制度を導入したのでしょうか？ 誰と誰の間にあるどのような情報の非対称性への対策という観点から説明しなさい。

10.5　国や地方自治体が道路や橋などの公共工事を発注する場合には，入札により事業者を決定することが行われます。

(1)　なぜ入札を行うのでしょうか？ 入札を行うことのメリットを情報の非対称

性の観点から説明しなさい。

(2) 入札時に企業間で談合が行われたとします。これはなぜ「悪い」ことなのでしょうか？ 交換の利益を最大限に実現させることがミクロ経済学の目的であることを考慮して説明しなさい。

▶ Column㉔　なぜ努力ではなく成果に基づいて給料が支払われるのか？

　　ある自動車メーカーが，販売店のセールスマンを雇う状況を考えてみましょう。この企業と労働者は給料についてどのような契約を結ぶでしょうか？

　　営業職の場合，固定給と業績給（＝歩合給やボーナス）の組み合わせが採用されることがおそらく一般的でしょう。ここで疑問なのが，なぜちゃんと努力したかどうかに応じて給料を支払うのではなく，業績に基づいて給料を支払うのかという点です。

　　自動車のセールスマンの営業成績は，景気の良い悪いなどに応じて，大きく変動します。景気が良ければ，努力していなくても自動車が簡単に売れてしまうこともあるでしょうし，反対に，頑張って働いても結果が伴わないこともあるはずです。

　　労働者がそのようなリスクに直面することを嫌うのであれば，可能であるなら，業績によってではなく，ちゃんと努力したかどうかに応じて給料を支払うほうが，セールスマンの動機付けとしてより望ましいということが知られています。

　　しかし仮に当事者が合意して「ちゃんと努力したら高い給料を支払う」という契約を書いたとしても，その内容を裁判所に対して立証できなければ契約として実効性を持ちません。例えば頑張って働いたら100万円のボーナスを支払うという契約を結んだとしても，頑張って働いたかどうかが企業側と労働者側で水掛け論になってしまうこともあります。これは企業と労働者の間では互いにわかっていることでも，裁判所との間で情報の非対称性があるという状態です。

　　つまり，契約を結ぶ際には，裁判所に対して根拠となる情報を提示できるような基準に基づいた内容になっている必要があります。そこで次善の策として，営業成績のような客観的な基準が使われることになるのです。

　逆淘汰の環境下では中古車の取引市場が成立しなくなるという話を本章の第1節で考えました。その最後に，「同じ品質の車に対して，買い手は売り手の1.2倍の価値として評価している」場合でも同様のドミノ倒しが発生するという説明をしました。以下ではこのことを確認しておきましょう。

　そもそも自動車の品質を一定として考えたとしても，人によって価値は異なります。このことは第1章で丁寧に説明しました。ここでは自動車を持っていたが不要になった人（例えば新しい車を買うので，これまで乗っていた車は手放したい人）よりも中古車を欲しい人のほうが同じ車を高く評価する状況を考えます。

　特定の車種（例えばトヨタのクラウン）の中古車取引について，売り手にとっての車の価値は，ゼロから1までの間にランダムに分布しているとしましょう。そして買い手は，仮に品質がわかるのであれば，売り手にとっての価値の1.2倍まで支払う意思があるとします。

　しかし，品質がわからないときには，平均的な評価額までしか支払いません（ここでは暗黙のうちに買い手はリスクの有無を気にしないことを想定しています）。したがって，買い手の視点からはゼロから1.2の間にランダムに実現する中古車の価値は0.6となり，これが支払うことのできる上限金額となります。

　このとき売り手側で0.6を超える質の高い中古車を持っている人は，自分にとっての価値よりも低い価格では車を売ろうとはしないため，市場に参加しません。

　そうすると中古車市場に存在している車の品質は売り手側の評価ではゼロから0.6までになり，最も質が高い車に対しても買い手はその1.2倍である0.72までしか支払おうとはしません。そして買い手の視点からは，現在市場に出回っている車の平均的な価値は0.72の半分の0.36となります。これが支払金額の新たな上限となって，今度は0.36より高い価値を見出している売り手が市場から退出するわけです。

　このようなドミノ倒しは，売り手が高く評価する程度を表す1.2に平均的な価値を考える0.5を掛けたものが繰り返し適用されるので，$0.6 \times 0.6 \times 0.6 \times$……といった形でゼロに近づいていくのです。

Column 26　さまざまな保険商品が販売される理由

　世の中にはさまざまな保険商品が存在しています。その中にはシンプルなものもあれば消費者のために手厚い保障が提供されているものもあります。

　テレビコマーシャルなどの宣伝文句を見ると，例えば「高齢者でも入れる医療保険です」というものや「持病があっても入れます」というように，加入者のために親切な設計になっているように感じられます。しかし本当でしょうか。

　保険商品を設定して販売する側は，リスクが高い人と低い人を一緒にしてしまうと保険が成立しにくくなってしまいます。リスクが低い人にとって割が合わないことから加入してくれないからです。

　そこで加入希望者をうまくふるい分けをする必要があり，そのために用いられているのが上記のような宣伝文句なのです。例えば，高齢者でも入れる医療保険には若い人は入りませんね。

　ここでは保険を例に挙げましたが，世の中には一見すると消費者の利益のために実施されているように見える取引条件であっても，よく考えると売り手側の合理的な理由が見えてくるものがあります。クレジットカードのリボ払いなども，利用者が毎月定額を支払えばよいという利便性を強調して広告宣伝が行われますが，高い金利が設定されているために，返しても返しても借金が減らない可能性があります。皆さんも，自分が利用しようとするサービスの裏側をよく考えてから契約するようにしてください。

CHAPTER

第 11 章

取引費用

取引を円滑に行うために！

価格理論

ゲーム理論

1章
ミクロ経済学
とは？

2章
個人の選択を
考える

9章
公共財

8章
外部性

10章
情報の
非対称性

7章
独占

12章
ゲーム理論と
制度設計

3章
需要曲線と
供給曲線

5章
政府介入
と
死荷重
の
発生

6章
市場の失敗と
政府の役割

11章
取引費用

4章
市場均衡と
効率性

© 2021 Ryoko Takahashi

INTRODUCTION

　この章では，取引費用とは何か，また取引費用が高いときに，なぜ互いの利益となるはずの取引が行われなくなるのかを考えます。これまでのお話の中で，取引費用の説明はすでにある程度は行われていますが，もう一度整理しましょう。その上で，人々の間の取引を円滑に進めるために，政府の役割としてどのような支援が求められるのかについて考えます。

1 取引費用とは？

取引相手を見つけるための費用

　私たちが何か買い物をすることを考えてみましょう。例えば友人の誕生日にプレゼントする品物を買うために，デパートに出かけるとします。このとき私たちが負担する「費用」とは，プレゼントとして購入する品物の価格だけではありません。経済学的な費用である機会費用には，価格以外にもさまざまなものが含まれるからです。それでは具体的に考えてみましょう。

　まず，その店までの移動にかかる交通費や時間の費用があります。また，デパートに着いてからも，どの品物にするのかを選ぶのに時間がかかります。そしてプレゼントを決めたとしても，それで終わりではありません。会計の手続きをして，包装された商品を家まで持って帰るまでにも，やはり交通費や時間などがかかります。これらのような取引に付随する費用を総称して，取引費用といいます。

　この例では，何を買うかを決めないままで，とりあえずデパートに行ってから探すことを想定しましたが，何を買うかが先に決まっていて，その商品を売っている店を探すこともあります。このような店を探す際の時間なども取引費用に含まれます。

　プレゼントを買いに行くのであれば，面倒くさいからプレゼントをするのを止めてしまうということはないでしょうが，普通の財・サービスについて考えたときには，取引相手を見つけることや，取引の現場まで移動することに大きな費用がかかるのであれば，人々は取引をあきらめてしまうかもしれません。またプレゼントの例でも，入手が難しい第1希望の商品ではなく，手に入りやすい第2希望の商品を選ぶことが考えられます。

契約を結ぶための費用

　取引費用に含まれるのは，交通費や時間の価値だけではありません。取引相手と出会えたとしても，実際に交渉をしたり，契約書を作成したりするのに大きな費用がかかるようでは，取引をあきらめてしまう可能性があります。

具体的な例として，次のようなケースを考えてみましょう。まずある財・サービスに注目したときに，売り手にとっての生産の機会費用が1万5000円だったとします。また買い手にとっての価値は3万円であるとしましょう。このとき互いに合意できれば差額の1万5000円相当の交換の利益が発生し，これを売り手と買い手の間で分け合うことになります。

　これに対して，人々が取引を行う際には，法律の専門家である弁護士に依頼して契約書を作成することが必要だったら何が変わるでしょうか？　ここでは弁護士への支払いとして，売り手も買い手もそれぞれ1万円を支出する必要があるとしましょう。

　このとき，まず売り手の視点からは，生産費用に契約の費用を加算した2万5000円以上でないと売りたくないと考えるでしょう。また買い手の視点からは，支払ってもよいと考える上限が3万円であるため，そこから弁護士への支払いを引いた2万円までしか売り手に対して支払うことができなくなります。このとき売り手は2万5000円以上を要求し，買い手は2万円までしか支払えないため，取引は成立しないことになります。

　このような取引に付随して必要となる交通費や時間の費用，また契約をする際に必要な手続き費用が大きいことは，それにより，**交換の利益があるはずの取引が行われなくなったり**，取引が行われるとしても，**交換の利益が最大となるものとは異なる取引になるために**，総余剰が減少してしまうことが考えられるのです。

┃ 4種類の市場の失敗と取引費用の関係 ┃

　第7章から第10章では，不完全競争・外部性・公共財・情報の非対称性という4種類の市場の失敗を順に扱いました。実は，この章で扱っている**取引費用の話**は，これまで見てきた市場の失敗とはいくぶん性質が異なります。それは，**取引費用が大きいということは，これら4種類の市場の失敗が発生していることの背後にある理由である**ともいえるからです。

　まず売り手や買い手の中に，取引価格に影響を与えることができる登場人物が少なくとも一人はいるというのが不完全競争の状態でした。そして不完全競争になるのは，第7章第2節でも説明したように，市場に参入することを妨げる何らかの阻害要因があることが理由でした。例えば生産に不可欠な資源や技

術を持っているのが特定の生産者だけに限られているときには，この生産者は独占企業となります。このとき他の企業は，この市場に参入したくても参入できないのですが，これは生産に必要な資源や技術を獲得することにはとても大きな費用がかかるという取引費用の問題だと解釈することができます。

　外部性についても同様のことがいえます。注目している財・サービスの取引を行う市場が成立しないのは，取引費用がとても大きいからだと考えることができます。例えば，集合住宅などで深夜に大音量で音楽をかけている住民がいる場合を考えたときに，コースの定理の議論が成立しないのは，すべての近隣住民との間で，事前にいろいろと契約をしておくことは難しく取引費用が高いことが理由でした。

　次に公共財の例を考えましょう。公共財を考える際のキーワードは，非排除性と非競合性でした。そのうちの非排除性とは，物理的に排除が不可能か，または費用がかかりすぎるために排除していないことを意味しています。これも取引費用と関係が深く，排除にかかる費用が無限大に高い状態というのが技術的に排除できない場合だと解釈することができます。

　最後に情報の非対称性があるケースを考えます。多くの場合において，一定の費用を支出すれば，財・サービスの品質や労働者の努力水準などを知ることができることは多いでしょう。例えば土地の取引をする際に土壌汚染があるかどうかを売り手側しか知らない場合であっても，買い手側は，専門家や検査機関に依頼することで土壌汚染の実態を知ることができます。また労働者を雇って働かせる場合でも，監視役を付けたりすれば，適切な努力をしているか観察することはできます。しかし，それにかかる費用はやはり大きな負担となるでしょう。つまり情報の非対称性がある場合も，情報獲得に必要な取引費用が大きい状況なのだと解釈することが可能です。

CHECK POINT

- □ 1 取引費用とは，財・サービスの取引相手を探すこと，取引が行われる場所まで移動すること，契約を締結することなどに伴い発生する費用です。
- □ 2 取引費用が大きい場合には，売り手と買い手の利益になる交換が行われない可能性があります。
- □ 3 これまで見てきた不完全競争・外部性・公共財・情報の非対称性という4種類の市場の失敗は，その背景に，取引費用の存在があると考えることができます。

2　政府による取引費用の軽減策

政府に何ができるのか？

　取引費用が大きいことが理由で取引が実質的に制限されている場合に，政府にできる取り組みとしてどのようなものがあるでしょうか？

　まずは取引をする場所である**市場（しじょう）を整備**したり，**公共交通機関を充実**させたりすることが考えられます。例えば，ハローワークで求職・求人の仲介を行うことや，移動や輸送にかかる費用を削減するために道路港湾などを整備することも重要です。これらは政府による財・サービスの供給であるため，費用よりも便益（ここでは，それにより増加する総余剰）のほうが大きい必要はありますが，多くの場合に望ましい取り組みであるといえるでしょう。

　また，契約を締結することにかかる費用を削減するための取り組みも考えられます。例えば，家を借りる際に，貸し主と借り主が白紙から詳細な契約書を作成しなければならなかったとしたら，長い時間と多くの費用がかかります。このような手間を避けるためにも，政府が**標準的な契約のひな形を定めて公開**しておくことは取引を円滑に進めるためにも有益なことだと考えられます。

　そして，**規格の標準化**なども有益です。例えば日本では，工業製品の大きさや形状などについての基準である日本工業規格（いわゆる JIS 規格）が存在しています。ボルトやナットの形状やネジの大きさ，また電球の口金や電池のサイズなどがメーカーごとに異なると，消費者は事前にいろいろと調べてから買い物に行かなければなりません。このとき明確な基準が設定されていることは，取引を円滑にすることに役立つでしょう。

交通の整備による余剰の増加

　以下では，交通を円滑にするための整備によりどのくらいの余剰が増加するのかについて，具体的に考えてみましょう。

　まず図 11.1 には，ある市場における現時点での需要曲線と供給曲線が黒い線で描かれています。これは 1 年間でどのくらいの取引が行われるのかを考えているとします。

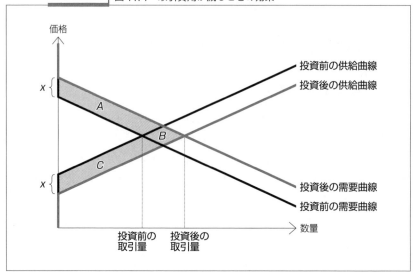

CHART | 図 11.1 　取引費用が減ることの効果

価格

投資前の供給曲線

投資後の供給曲線

x {

A

B

C

投資後の需要曲線

x {

投資前の需要曲線

数量

投資前の
取引量

投資後の
取引量

　さてここで，1単位の財を市場で取引する際に，売り手と買い手の両方にかかる輸送費用が，例えば道路整備という投資により，それぞれ x ずつ減ったことを想定しましょう。このとき需要曲線は上に x 分だけ，また供給曲線は下に x 分だけ移動することになります。

　このことによる余剰の増加はどの程度でしょうか。それは図の $A+B+C$ の面積に相当します。もちろん道路整備のメリットはこの市場だけに及ぶものではありません。他にもさまざまな取引を円滑にするでしょう。つまりこれから長期にわたって発生する余剰の増加分と比較して，公共事業の費用が小さいときには，このような取り組みが正当化されることになるのです。

CHECK POINT

□ 1 取引費用が大きいとき，政府には市場の整備や交通機関の充実などさまざまな取り組みが求められます。

□ 2 政府による取引費用削減の取り組みについて考える際にも，公共財の説明で扱ったように，費用対効果の面からの事前評価が必要です。

【確認問題】

11.1　皆さんが，家電量販店でテレビを1台購入しようとするときのことを想像して，以下の問に答えなさい。

(1)　テレビを購入する際に発生する取引費用にはどのようなものがあるでしょうか？　消費者側の視点から少なくとも3点を具体的に挙げなさい。

(2)　10年前と比べて，ここで挙げた取引費用の大きさがどのように変化したのか，またなぜ変化したのかを説明しなさい。

11.2　国土交通省では，住宅の賃貸借契約のトラブルの未然防止のため，契約のひな形として「賃貸住宅標準契約書」を作成しています。2018年3月に改定された最新版をインターネット上で探して，具体的にどのような事項が定められているのかを確認してみましょう。

【練習問題】

11.3　東京都の23区では，家庭が出す一般ゴミについては行政が無料で回収しますが，企業や商店が出すゴミ（事業系ゴミ）は「廃棄物の処理及び清掃に関する法律」により，その事業者が自らの責任において適正に処理しなければならないとされています。そして事業者のうちで自己処理が困難で，かつ少量の場合に限り，行政によるゴミ収集サービスを利用できますが，その際には有料のゴミ処理券をゴミ袋に貼る必要があります。

　このようなルールに対して，事業者の安藤さんから，自治体の窓口に以下のような意見が寄せられたとしましょう。

　　「個人だけでなく，法人だって法人税を払っているんだ。だから個人も法人も等しく扱ってほしい。つまり法人から料金を徴収するなら一般家庭からも徴収すべきだし，家庭ゴミが無料なら事業系ゴミも無料で回収すべきではないか!?」

　このような意見に対して，現行制度は効率性の観点からどのように正当化可能なのかを考えて，意見を寄せてくれた安藤さんに説明してください。その際に，取引費用というキーワードを少なくとも一回は使うこと。

Column ㉗　法律における強行規定と任意規定

　私たちが個人間で契約をする（例えば，物を売買したり家を借りたりする）場合には，民法のルールに従うことが求められます。ただし，民法第 91 条では「法律行為の当事者が法令中の公の秩序に関しない規定と異なる意思を表示したときは，その意思に従う。」とされています。これはどのような意味でしょうか？

　これは契約が及ぼす影響が当事者の間だけで完結している場合には，法律が定めるルールを当事者同士の合意によって変更できるということを意味しています。これを経済学の言葉で言い換えるなら，外部性がない場合には，当事者が自由に契約の内容を選ぶことができるということです。

　当事者が自由にその内容を変更できるとしても，標準的な契約内容を法律により定めておくことは，取引費用を削減するという観点からは有益なことです。このような当事者が変更できる法律のことを，任意規定といい，できるだけ多くの人たちがこれを変更せずに使えるような一般的な内容にすることが求められます。

　これに対して，当事者が合意したとしても変更できない法律のことを強行規定といいます。例えば不完全競争の問題に対処するための独占禁止法や，外部性の問題に対処するための建築基準法の集団規定は強行規定です。

　どのような法律が任意規定で，どのような法律が強行規定なのかを具体例を使って考えてみると，法律や制度について考えるための良いトレーニングになるでしょう。

第 **4** 部

ゲーム理論

PART

第 **12** 章

ゲーム理論と制度設計

戦略的状況を考える！

© 2021 Ryoko Takahashi

INTRODUCTION

　この章では，戦略的状況における意思決定を分析するための手法であるゲーム理論の基礎を学びます。まずゲーム理論とは何か，またゲームの構成要素について，そしてゲームのナッシュ均衡について理解しましょう。

　ゲーム理論には，ルールが変わったときに結果がどう変わるかを分析することを通じて，法律や制度を変えたときの効果の予測にも使えるというメリットがあります。囚人のジレンマというゲームと司法取引を例として，この点を説明します。

1 ゲーム理論とは何か？

戦略的状況

　ゲーム理論とは，**戦略的状況**における**意思決定**を分析するための**手法**の名前です。したがって，その内容を理解するためには，まずは戦略的状況とは何かを知る必要があります。

　戦略的状況とは，意思決定を行う登場人物（これをプレイヤーと呼びます）が二人以上で有限の人数であり，また個々のプレイヤーの行動が他のプレイヤーの利害にも影響を与える状況を指しています。これは，**戦略的な相互依存関係がある状況**とも言い換えることができます。

　ここで登場人物といったときに，一般の個人である必要はありません。例えば家族や企業，また国家などが登場人物となることもあります。大事なのは行動を決定する主体であるということです。

　それでは戦略的状況の例をいくつか挙げてみましょう。

　まず，日本には大手5社のビール会社があり，互いに競争しています。このとき各企業は，理想的な取引環境の場合とは異なり，価格を自分で決めることができます。しかし，ライバル商品よりも高い価格にすると，ライバルに顧客の一部を奪われることになります。また，どのような新商品を市場に出すのか，またどのような広告宣伝活動をするのかなどを個々の企業が選択することで競争しています。このとき各企業は他社の動向も予想しながら味や価格を決めることになります。

　次に，コンビニエンスストアがどこに出店するかという立地選択の問題を考えてみましょう。これは候補地の道路通行量の多さや地域の人口だけではなく，同業他社の出店状況にも依存します。例えば，都心部では，セブン-イレブンの店舗のすぐ近くに別のセブン-イレブンの店舗があったりします。このとき「なんでこんなに近くに2店舗も出店するのだろう。無駄じゃない？」と思うかもしれません。しかし自社が出店しなければ同業他社がその土地に店を出すのだとしたら，どちらか一方の土地だけではなく，両方に出店してしまうほうがマシなのかもしれません。このように他社の行動をよく考える必要がありま

す。

　他にも，ネットオークションでどのような入札をするかといった行動やサッカーのフリーキックを右に蹴るか左に蹴るかなども，他のプレイヤーの行動を予想して自分の行動を決める必要があることから戦略的状況だということができます。

　このように，ゲーム理論というのは，遊びで行うゲームだけを扱うものではありません。もちろん将棋やオセロといったようなゲームも扱うこともできますが，これは人々の経済活動なども含めて，戦略的状況における意思決定をルールが明確なゲームとして分析するという分析手法のことなのです。

最適な行動とは？

　ゲーム理論では，戦略的状況における，個々のプレイヤーにとっての最適な行動を考えます。そしてすべてのプレイヤーが合理的に考えた結果として，どのような結果が実現するのかを予想します。

　例として，ジャンケンを考えてみましょう。ここでは新しく買ったテレビゲームを兄弟のどちらが先にプレイするかをジャンケンで決める状況を考えます。このとき，勝ったら先にできるが，負けたら相手が終わるまで待たなければならないという意味で利害の対立があります。

　この二人がジャンケンをするということは，グーを出すかチョキを出すかパーを出すかを選ぶことになります。兄にとって最適な行動とは，弟がグーを出すならパーを出すことですし，パーを出すならチョキを出すことです。このようにあるプレイヤーにとっての最適な行動は，他のプレイヤーの行動に依存して決まることになります。

　それではジャンケンをする際に，最適な行動とはどのようなものでしょうか？　おそらく無意識のうちに皆がとっているのは，グー・チョキ・パーを等確率でランダムに出すことです。ちなみにこれはグー・チョキ・パーを順番に出すことではありません。次に何を出すかを相手に悟られないことが大事だからです。

　ここで重要なのは，ジャンケンをする際には，登場人物は，グーを出すとかパーを出すといったような特定の行動を選ぶと考えるのではなく，どのような考え方に基づいて行動を決めるのかという行動計画（＝戦略）を選ぶという点です。

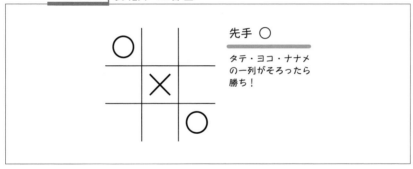

CHART 表12.1 三目並べ

先手 ○

タテ・ヨコ・ナナメ
の一列がそろったら
勝ち！

つまり**行動**と**戦略は違う**という点に注意する必要があります。

　次に表12.1に描かれている三目並べについて考えてみましょう。これはマルバツなどとも呼ばれるゲームです。このゲームでは先手と後手のどちらが有利でしょうか？　また，このゲームに必勝戦略はあるのかを考えてみましょう。

　結論だけいってしまうと，このゲームは，互いに合理的であれば，必ず引き分けになるゲームです。確認してみてください。

CHECK POINT

□ 1　ゲーム理論とは，戦略的状況における意思決定を分析するための手法のことです。
□ 2　戦略的状況とは，個々のプレイヤーの行動が他のプレイヤーの利害にも影響を与える状況であり，個々のプレイヤーは他のプレイヤーがどのように振る舞うのかを予想しながら，自分の戦略を決めます。
□ 3　戦略とは，どのようなときにどのような行動を選ぶのかという行動計画のことです。

 ゲームの構成要素

｜ 戦略的状況を把握する ｜

　次に実在する戦略的状況について理解するためには，何が必要なのかを考えてみましょう。

　まず必要なのは**プレイヤーが誰か**を特定することです。そして各プレイヤーが**選択可能な行動**は何か，またそれに伴い**実行可能な戦略**は何かも知る必要が

あります。次に，各プレイヤーが実際に選んだ行動の組み合わせに応じて，結果として個々人がどの程度の満足度を得るのかというのも重要な情報です。この満足度のことを，ゲーム理論の専門用語では，利得といいます。最後に，ゲームのルールに相当する情報として，**誰がどの段階で何を知っているのか，またいつ誰が行動を選択できるか**といった情報を把握することが求められます。

ゲームの構成要素

まとめるとゲームの構成要素は次のようになります。

1. プレイヤー（→戦略的な意思決定に携わる登場人物は誰か）
2. 行動（→プレイヤーが選択可能な行動としてどのようなものがあり得るか）
3. 利得（→各プレイヤーが選択した行動の結果として，最終的に誰がどれだけの利益・損失を受けるか）
4. 情報構造と手番（→誰がどの段階で何を知っているか，また誰がどの時点で行動を選択できるか）

このようなゲームの構成要素が明確になれば，この戦略的状況において，個々のプレイヤーがどのような戦略を選ぶのか，また結果として何が起こるのかを分析することが可能となります。

例として，第1節の途中で説明したジャンケンについて考えてみましょう。まずプレイヤーは兄と弟の二人です。そして選択可能な行動は，グー・チョキ・パーの三つなので，個々のプレイヤーにとっての戦略とは，この三つの行動をどのように出すかという行動計画ということになります。戦略としては，グーを出すといったような確定的なものや，グー・チョキ・パーの三つを等確率でランダムに出すといったような確率的なものもありえます。次に，利得は，勝てば先にゲームができるが，負ければ待たなければならないため，勝ったら+1で負けたら−1といった数値で表現できます。そして最後に，ジャンケンでは同時に行動することになります（後出しは反則です）。そしてあいこの場合には，勝ち負けが決まるまでジャンケンを繰り返すことになります。

これからいくつかの例を取り上げて分析していくことにしますが，その際にまず大事なのは，**注目している戦略的状況をゲームの構成要素に分けて的確に把握すること**なのです。

銀行強盗の容疑者たち

容疑者と警察官

これからゲームの具体例として，**銀行強盗の容疑者たち**の意思決定に関する次のような状況を考えることにしましょう。

まず，ある地域で銀行強盗が発生したとします。そして容疑者としてAとBの二人を自動車のスピード違反のような微罪で逮捕したとしましょう。そして交通違反の罪はそれぞれ懲役1年だが強盗の罪は10年だとしておきます。

警察官たちは完全にこの人たちが実行犯だと考えているのですが，証拠がありません。そして，どちらか片方でも自白して犯人しか知らない事実を話したり証拠が提出されたりすれば，両方を起訴できるとします。

もう一点重要な仮定として，自白した場合には，犯罪行為を反省しているとみなされて（これを「改悛の情が認められて」などともいいますね），懲役が8年に軽減されるとしておきましょう。なおAとBをそれぞれ別の部屋で取り調べることになります。

さて，この状況下で**警察官は容疑者たちから自白を引き出すことができるでしょうか？**

この状況において，誰がゲームのプレイヤーでしょうか。一見すると容疑者と警察官と思われるかもしれません。しかしこれを，容疑者AとBがプレイヤーのゲームとして考えてみましょう。するとゲームの構成要素は以下のようになります。

1. プレイヤー：AとB
2. 行動：黙秘するか自白するか
3. 利得：両方が黙秘すればそれぞれ懲役1年だが，どちらか一方でも自白

すれば強盗が立証されてしまうため，本来はそれぞれ懲役 10 年が科される。ただし自白した容疑者は改悛の情が認められて懲役 8 年になる。懲役は短いほうがうれしい。

4. 情報構造と手番：各プレイヤーはこのゲームの構造を知っている。また各プレイヤーは相談することなく独自の判断で，そして同時に行動を選択する。

ここで最後の情報構造のところで述べている「このゲームの構造を知っている」とは，誰がプレイヤーか，また各プレイヤーが選択可能な行動としてどのようなものがあるのか，そして各プレイヤーの利得を知っているということを意味しています。

正確には，個々人が知っているだけでなく，相手も知っていることを自分が知っていることも必要ですし，自分が知っていることを相手も知っているといったことが必要なのですが，ここではそこまでは踏み込まないでおきましょう。

さて，このときどのような結果が実現するでしょうか？

ゲームの戦略型による表現

まずはこのゲームの内容を，見やすくするために，**ゲームの戦略型による表現**と呼ばれるかたちにまとめてみましょう。これは次の表 12.2 のようなものです。

この表には，まずプレイヤーが誰か，また選択可能な戦略（ここでは行動と一致しています）は何か，そして利得の大きさはどの程度かが書き込まれています。例えば，A が自白して B が黙秘した場合を考えると，数字が入っている四つのマスのうちの右上を見れば，A と B はそれぞれ 8 年と 10 年の刑罰を受けることがわかります（懲役の長さなので，マイナスの数字になっています）。

ゲームをこのように戦略型による表現としてまとめることができるのは，**プレイヤーが同時に行動を決める**設定であることが理由です。ただし，ここで「同時」であるとは，ジャンケンの場合のように，本当にまったく同じタイミングで行動を選ぶという意味ではありません。何時何分何秒という意味では前後にズレていてもよいのですが，大事なのは，**相手がどのような選択をしたのかを知らない段階で自分の行動を決めなければならない**という点です。このことを同時といっていますので注意してください。

A　＼　　B	自白する	黙秘する
自白する	-8 -8	-10 -8
黙秘する	-8 -10	-1 -1

　それでは，このゲームにおいてどのような結果が実現するかを考えるために，ゲームの結果としてもっともらしい状態とはどのようなものかについて，次節で考えることにしましょう。

CHECK POINT

☐1　ゲームの戦略型による表現とは，同時に行動を選択するゲームの構成要素を，表のかたちにまとめたものです。

☐2　同時に行動を選択するとは，まったく同じタイミングで行動を決めるという意味ではありません。これは相手がどのような選択をしたのかを知らない段階で自分の行動を決めるということを意味します。

4 ナッシュ均衡

ナッシュ均衡の意味

　以下ではゲームのナッシュ均衡という考え方を紹介します。まず均衡という言葉の意味ですが，これは理想的な取引環境における市場均衡について説明した第4章第1節でも述べたように，つりあいがとれている状態のことを指す専門用語でしたね。

　ゲーム理論では，個々のプレイヤーが採用している戦略を見たときにつりあいがとれている状況になっているとき，その戦略の組がナッシュ均衡であるといいます。これは考案者であるナッシュの名前から名付けられました。

　具体的には，ナッシュ均衡とは，**戦略の組み合わせとして互いに最適反応している状態**のことを指します。これは**自分だけ戦略を変えても得しない状況**と言い換えることもできます。

それでは，銀行強盗の容疑者たちのゲームにおけるナッシュ均衡とは何かを考えてみましょう。まず戦略の組を（Aの戦略，Bの戦略）という形で書くことにします。このとき（自白する，自白する）と（黙秘する，黙秘する）の二つがナッシュ均衡になります。

　このことを確認してみましょう。まず可能な戦略の組み合わせをすべて考えてみます。ここでは（自白する，自白する）（自白する，黙秘する）（黙秘する，自白する）（黙秘する，黙秘する）の四つが戦略の組として存在しますね。

　そして，それぞれの戦略の組ごとに，どちらのプレイヤーも自分だけ行動を変えて得しないかを確認します。例として，（自白する，自白する）という戦略の組について考えてみましょう。

　まず相手が自白している場合には，自分が自白から黙秘に行動を変えると，自分の刑罰の期間が8年から10年に増えてしまいます。これは損になります。これは両者にとって同じことなので，相手が自白しているときには自分も自白していることは双方にとって最適な行動です。よってつりあいがとれているといえるでしょう。

　このように現在注目している戦略の組から自分だけ戦略を変えても誰も得しないとき，その戦略の組がナッシュ均衡になっているということになります。

ナッシュ均衡の見つけ方

　それではゲームが特定されたときに，どうすればナッシュ均衡を見つけることができるでしょうか？　ゲームが戦略型で表現されているときには，これを見つけるのは簡単です。

　まず片方のプレイヤーに注目します。ここではAから先に考えます。このAの視点から，Bの戦略に対して自分の最適な戦略は何かを考えます。そして最適な戦略に対応する自分の利得に丸を付けてみましょう。

　最初にBの自白するという戦略に対して自分の利得を比べると，−10よりは−8のほうがましなので，表12.3のように−8に丸を付けます。

　続いてBの黙秘するという戦略に対して，Aの視点から自分の戦略を考えると，−8よりも−1のほうがずっとよいので，表12.4のように−1に丸を付けます。

　これでAの視点からの分析は終わりなので，次にBの視点から考えます。

CHART | 表 12.3 ナッシュ均衡の見つけ方：その 1

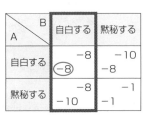

CHART | 表 12.4 ナッシュ均衡の見つけ方：その 2

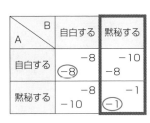

CHART | 表 12.5 ナッシュ均衡の見つけ方：その 3

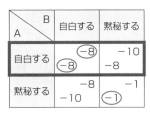

CHART | 表 12.6 ナッシュ均衡の見つけ方：その 4

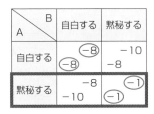

まずAが自白しているときには，Bは自白の−8と黙秘の−10を比べて自白することを選ぶでしょう。よって表12.5のように，対応する−8に丸を付けます。

そして最後に，Aが黙秘しているときの最適な戦略を考えて，表12.6のように，黙秘に対応する−1に丸をします。

ここで一つのマスの中に二つの丸が並んでいる状態があれば，これに対応する戦略の組がナッシュ均衡となります。なぜなら二つ丸が付いているということは，互いにとって最適な戦略の組み合わせであることを意味するからです。つまり二人の戦略を並べて書くとすると（自白する，自白する）と（黙秘する，黙秘する）がナッシュ均衡といえます。

なぜこのようになるのでしょうか？　このゲームにおいては，相手が自白しているときには自分も自白したほうがよいし，反対に相手が黙秘しているときには自分も黙秘したほうがよい状況になっています。このことが，均衡が二つ存在することの理由です。このゲームからわかる興味深い点として，ナッシュ均衡は一つとは限らないということができます。

さて，このようなゲームをゲーム理論ではコーディネーションゲームと呼びます。コーディネーションとは調整という意味ですが，両者が同じ行動をとっているときがつりあいがとれている状態であり，そのような状態が選ばれるためには当事者間の調整が必要だからです。

ここまでの検討によって，このゲームでは，**互いに黙秘している状態も互いに自白している状態もそれぞれナッシュ均衡である**ことがわかりました。しかしこれは困ったことですね。なぜなら両者が自白するという状態だけでなく，両者が黙秘しているという**当事者たちにとっては望ましいが社会全体の視点からは望ましくない結果が実現**してしまうかもしれないからです（犯罪者が捕まらないことは，当人たちにとってはよいことかもしれませんが，社会的には望ましくありません）。そして，ここでは詳細な議論はしませんが，このように二つの均衡が存在するときには，容疑者たちは事前に話し合うことによって，おそらく両者にとって得になる（黙秘する，黙秘する）という均衡を選ぶでしょう。

そこで政府の視点から，**法制度を変えることによって，ゲーム自体の構造を変えてしまう**ことを考えてみましょう。ゲームのルールを変更すれば容疑者たちの行動も変わることが予想できるからです。

□ 1 ナッシュ均衡とは，特定の戦略の組が安定的であることを意味します。このときどのプレイヤーにとっても自分だけ戦略を変えても得しないという意味で，つりあいのとれた状態になっています。

□ 2 ゲームが戦略型で表現されているときには，相手の戦略を固定したときに最適となる自分の戦略をマークすることを，すべてのプレイヤーについて行うことで，ナッシュ均衡を見つけることができます。

5 司法取引と囚人のジレンマ

司法取引の導入

さて，ここで政府が司法取引制度を導入したら何が起こるのかを考えてみましょう。司法取引とは，容疑者に対して捜査に協力することを条件として，刑罰の減免を提示する制度です。

まず片方の容疑者だけが自白して捜査協力した場合には，懲役 10 年ではなく刑罰を免除し自由の身にするという極端なケースを考えます。後でわかるように，ここまで極端にしなくても例えば半年の懲役に軽減するなど，双方が黙秘した場合の懲役である 1 年よりも刑が軽ければかまわないのですが，ここではゼロとしておきます。一方で両方が自白した場合には，懲役 8 年のままとしましょう。この一人だけが捜査協力をした場合という条件に注意してください。

このように修正されたゲームを戦略型で書くと表 12.7 のようになります。このゲームのナッシュ均衡を，先ほどと同じ手続きを用いて探してみてください。

見つかりましたか？ このとき（自白する，自白する）という戦略の組み合わせのみがナッシュ均衡となっています。

このように司法取引が導入された場合には，どちらの容疑者にとっても「相手の行動に関係なく」常に自白したほうが得になっていることに注意してください（これを自白することが支配戦略であるといいます）。その結果として双方が自白してしまうため，実際には懲役 8 年が実現することになります。

これは面白い結果ですね。A にとっても B にとっても黙秘していれば互い

A \ B	自白する	黙秘する
自白する	-8 -8	-10 0
黙秘する	0 -10	-1 -1

に懲役 1 年ですんだはずなのに，相手に抜け駆けされるのではないかと考えた容疑者たちにとっては互いに自白することが合理的な選択となっているのです。このように両者にとって望ましい（黙秘する，黙秘する）という戦略の組ではなく，両者とも自白するという戦略の組が選ばれてしまう現象を囚人のジレンマといいます。お互いが自分の行動を合理的に選んだ結果として，二人にとって望ましくない状況が実現してしまうという意味で，これはジレンマであるといえます。

なお囚人のジレンマとは prisoners' dilemma の日本語訳です。ここで prisoner は，犯罪の容疑者（正確には被疑者という）や有罪となった受刑者の総称である「囚人」と訳されていますが，「容疑者たちのジレンマ」と訳したほうがわかりやすいかもしれません。

ここまでの内容を確認すると，銀行強盗の容疑者の話は，最初はコーディネーションゲームだったのですが，ここで政府が司法取引を導入することで，ゲームを囚人のジレンマという別のゲームに作り替えたということがわかりました。そして囚人のジレンマの場合には，自白することが選ばれるのです。

課徴金減免制度

日本でも 2006 年 1 月の改正独占禁止法により，司法取引の一種として，価格カルテルや入札談合に関する有力な情報を提供した関係者に対する**課徴金減免制度**が導入されました。

この制度の下では，事業者が自ら関与したカルテルや入札談合について公正取引委員会に最初に報告した場合には，課徴金が最大で 100％ 免除されることになっています。また最初に報告した企業以外でも，調査開始日前に届け出た場合には協力度合いに応じて最大で 60％，また調査開始日後には最大で 30％

が減額されることになっています。この制度が導入されたことにより，実際に捜査協力と談合の摘発が数多く行われているようです。制度の詳細は公正取引委員会のホームページ（http://www.jftc.go.jp/dk/seido/genmen/index.html）をご覧ください。また，そこには適用された事業者の一覧も公表されています。

　確かに，このような司法取引には批判的な意見もあるでしょう。正義感のある人にとっては，犯罪者と取引をして，罪を減免することに対する心理的抵抗があるかもしれません。しかし，まったく起訴できないよりもよいという実利的な考え方をするならば，これは望ましい制度であると考えることができます。また導入後の過渡期を過ぎれば，摘発や立件をすることが容易になることによって談合することが割の合わない行動となり，**そもそも犯罪行為が行われなくなる効果があることにも注目すべきでしょう。**

▌日本版司法取引 ▌

　企業が関わる経済犯罪のような組織的な犯罪を対象として，日本版の司法取引制度が 2018 年 6 月から施行されました。そして 2018 年 7 月には，司法取引の最初の事例として三菱日立パワーシステムズの事件が報道されました。この司法取引の仕組みはすべての犯罪に適用されるものではなく，経済犯罪や薬物銃器犯罪の一部が対象となっています。そして 2 例目以降も報道されるなど，これから日本においても一般的になるでしょう。

　ただし現実社会では，司法取引の制度があったとしても犯罪の容疑者が自白しないことも多いと思われます。だからといってここで扱ったゲーム理論の分析手法が間違っているとは言い切れません。現在容疑者たちが直面している環境を，私たちがゲームとして適切に表現できているか否かを考える必要があるからです。

　例えば，容疑者が自白をしてしまうと，出所後に共犯者や外部の人間によって危害を加えられる可能性があれば自白しないかもしれません。このような可能性は，これまでの分析では考慮していませんでした。

▌ゲーム理論と制度設計 ▌

　この章では，ゲーム理論の基礎的な考え方と，これを応用することで**制度設計**について議論できることを簡潔に紹介しました。重要なのは，ゲームのルー

ルを変更することでプレイヤーにとって望ましい行動が変わるということです。経済学の最近の研究では，このようにうまい制度を作ることによって，社会的に見て望ましい行動を人々が選択するように誘導するためには何が必要なのかがマーケットデザインとして具体的に検討されています。

　最後に指摘しておきたいのは，同じ構造のゲームにさまざまな社会現象が当てはまる可能性があるということです。例えば，プレイヤーの名前と利得の数字は当然変化しますが，先ほど見た司法取引による囚人のジレンマと米ソ冷戦時代の軍拡競争とは同じ構造を持っています。

　どちらの場合でも，両者にとって最もよいのは協調行動をとること（囚人のジレンマでは黙秘すること，また軍拡競争では軍備拡張をしないこと）ですが，相手が協調行動をとっている場合でも攻撃的行動をとっている場合でも，自分にとっては攻撃的行動をとったほうが利益が大きいという囚人のジレンマの状況になっているため，結果として互いに損失が大きい攻撃的行動をとってしまうのです。

CHECK POINT

□ 1　銀行強盗の容疑者たちがプレイするゲームに司法取引を導入すると，ゲームは囚人のジレンマと呼ばれる状態になります。

□ 2　囚人のジレンマゲームにおいては，各プレイヤーは，相手の行動に関係なく自分にとって常によい行動（これを支配戦略といいます）を持つことになります。

□ 3　ゲーム理論の基礎的な考え方を応用することで，制度設計を通じて，人々の行動を適切に誘導する方法について検討することができます。

 ゲーム理論の発展

ゲーム理論の発展

　従来のミクロ経済学では，市場取引がどのようなときにうまく機能するのかについて，また市場の失敗があるときの政府の役割について，研究が進められてきました。

　その際には，例えば企業とは，原材料や労働力などを最終的な財・サービスに変換する経済主体であり，その存在は生産関数として表現されていました。

つまり従来は，企業がいわばブラックボックスのように扱われていたのです。自動販売機に 120 円を入れてボタンを押すと缶飲料が出てくるということはわかっていますが，内部がどのようになっているのかはわからないようなものです。

これに対して，ゲーム理論の発達により，企業や組織の内部構造について，また法律や慣習の果たす役割などが直接的に分析可能になったのです。

ゲーム理論は，もともとは数学の一分野ですが，経済学への応用によって発展しました。また政治学や生物学など他分野でも活用されています。

ゲーム理論の経済学への応用

この章では，銀行強盗の容疑者たちが自白するか黙秘するかを選ぶゲームを題材として，ゲーム理論を紹介しました。これはプレイヤーが同時に行動を選択するゲームであり，また自分たちがどのようなゲームをプレイしているのかを知っているという状況を検討しました。

これに対して，現実の世界では，あるプレイヤーが行動を選んだのを見てから他のプレイヤーが自分の行動を決めることができる場合も多いでしょう。例えば，交渉を行う際に，一方が条件を提示して，相手側が受け入れるかどうかを選ぶ，そして受け入れられない場合にはカウンターオファーをするなどということがあります。ゲーム理論では，このように時間の流れを明示的に扱うことも可能です。なお同時に行動を決定するゲームを静学ゲーム，また順番に行動を選択する余地があるゲームを動学ゲームといいます。

また現実の世界では，自分がプレイしているゲームの内容を完全には知らないということも考えられます。例えば，不要になった楽器などをインターネットオークションで売ることを考えてみましょう。これは入札参加者のうちの誰がどのくらいの価値を持っているのかを売り手は知らない状況です。また入札参加者同士も，互いに他の人の評価額を知らないという意味でやはり情報を完全に持っているわけではありません。ゲーム理論では，このようにゲームのプレイヤーが情報を完全には知らない状況も扱うことができます。これを不完備情報ゲームといいます。

これらについては，より上級の教科書で学ぶことにしましょう。

EXERCISE ●確認・練習問題

【確認問題】

12.1　囚人のジレンマについての以下の問に答えなさい。

(1)　囚人のジレンマとはどのような状況なのかを，ゲームの戦略型による表現を
　　用いて説明しなさい。

(2)　また囚人にとってこの状況がなぜジレンマなのかを説明しなさい。

(3)　囚人のジレンマと同じ構造を持つ戦略的状況を探して，一つ例を挙げなさい。
　　また，なぜ囚人のジレンマと同じであるといえるのかを説明しなさい。その際
　　には，できるだけ身の周りにある具体例であることが望ましい。

12.2　次の表では，あるゲームが戦略型による表現として書かれています。この
　　ゲームについて，以下の問に答えなさい。

1 ＼ 2	x	y
a	1 / 2	2 / 3
b	4 / 1	4 / 0

(1)　このゲームのプレイヤーは誰でしょうか？

(2)　このゲームで個々のプレイヤーが選択できる行動とは，どのようなものでし
　　ょうか？

(3)　このゲームのナッシュ均衡を求めなさい。

【練習問題】

12.3　ふるさと納税とは，「納税」という言葉がついていますが，実際には都道府

県や市区町村に対する「寄付」の制度です。一般的に自治体に対して寄付をした場合には，確定申告を行うことで，その寄付金額の一部が所得税および住民税から控除されるのに対して，ふるさと納税の場合，原則として自己負担額の2000円を除いた全額が控除の対象となる点に特徴があります。

　以下では二つの自治体AとBが，両自治体の外から受ける総額で1000万円の寄付金を争うケースを考えます。どちらの自治体も返礼品として何パーセントくらいの品物を設定するのかによって，実質的な税収が決まります。例えば10万円の寄付があったときに返礼品率が10%だとすると実質的な収入は9万円です。

　このとき次の問に答えなさい。

(1)　自治体AとBが選択できる返礼品率は，話を単純にするために，10%か30%のどちらかしか選べないとしましょう。また返礼品率が同じときには寄付は半分ずつ行われるのに対して，返礼品率に違いがあるときには高い方の自治体に全部が寄付されるとします。このゲームを戦略型として描きなさい。

(2)　このゲームのナッシュ均衡は何でしょうか？　答えなさい。

(3)　返礼品率を引き上げる競争を抑制するためには，どのような政策的介入が必要でしょうか？　検討しなさい。

Column ㉘　違法駐輪を減らすためには

　皆さんが利用する駅や公共施設の前に，違法駐輪された自転車はありませんか？　道が狭くなることや点字ブロックを塞いでしまうことなどが理由で，違法駐輪問題に困っている自治体は数多く存在しています。

　そこで，どうすれば違法駐輪を減らすことができるのかを考えてみましょう。実際に使われている具体的な手段には，例えば，取り締まりの担当者を配置して口頭で注意をすることや，定期的に巡回して撤去してしまうこと，また駐輪場を整備することなどがあります。

　ここで，別のアイディアとして，デポジット制について考えてみましょう。

　デポジット制の仕組みはさまざまなところで採用されています。例えば鉄道のIC乗車券には預かり金がありますし，飲料のビンの中には，返却すると預かり金が戻ってくる仕組みもあります。

　これと同じことを自転車でやってみたらどうでしょうか？　自転車を購入する際に，1台当たり例えば3万円を行政が預かっておいて，適正に廃棄処分をすると戻ってくるというような仕組みです。そして違法駐輪で摘発された場合

には，この 3 万円が没収されるとしたら，自転車を放置しなくなるのではない
でしょうか？

　しかしこのプランにも問題がありそうです。例えば自転車が盗まれた場合の
デポジットの扱いとして「没収するのは所有者がかわいそうだ」という理由で
返金するとしたら，放置自転車が撤去された人も「僕の自転車は盗まれて放置
されたのです！」などと主張するのではないでしょうか？

　このように社会的な仕組みについて考える際には，さまざまな立場の人たち
がどのように考えてどのような行動をとるのかを想像しながら，実効性のある
仕組みを考えることが必要なのです。

おわりに

この教科書で学んだこと

《全体の流れを振り返ってみよう》 この教科書では，ミクロ経済学の基本について学んできました。どのような内容だったのか，話の流れを簡単に振り返ってみましょう。

第1部では，まず交換の利益とは何かを説明した後に，ミクロ経済学の目的とは「交換の利益を最大限に実現させること」だと紹介しました（第1章）。続いて，市場における取引を考える前に，個人の意思決定について理解するために重要な「インセンティブ・トレードオフ・機会費用・限界的」という四つのキーワードを紹介しました（第2章）。

第2部では，理想的な取引環境とその性質について解説しました。まず需要曲線と供給曲線について（第3章），また需要と供給のつりあいがとれている状態である市場均衡とその効率性について（第4章），そして市場がある程度はうまく機能しているときには，人々の自由な取引に対して政府が介入しないほうが効率性の観点からは望ましいことを説明しました（第5章）。

第3部では，まず理想的な取引環境の前提条件が満たされていない状態である市場の失敗についての全体像を紹介し，政府による市場への適切な介入によって，人々が得る余剰が増加する可能性があることを説明しました（第6章）。そして，独占のとき（第7章），外部性があるとき（第8章），公共財のとき（第9章），情報の非対称性があるとき（第10章），そして取引費用が高いとき（第11章）の5種類の市場に失敗について，なぜ問題なのか，またどのような政府介入が必要なのかを議論しました。

第4部では，ゲーム理論の初歩を紹介しました。まずゲームとは何か，またナッシュ均衡とは何かを説明した上で，ゲーム理論のアプローチを活用した制度設計について解説しました（第12章）。

《ミクロ経済学の基本を活用しよう》 この教科書で扱った内容は，ミクロ経済学が対象とする幅広い分析対象のうちの本当に初歩的な部分に限られています。

しかし，これだけでも使い方によってはかなり役に立つ内容のはずです。

　例えば，これから政治家や公務員になろうとする人にとって，どのようなときには政府の役割が重要であり，またどのようなときには人々の自由な行動に対して介入すべきではないのかについて，この教科書のレベルの考え方を知っておくだけで，かなりの応用が利くからです。

　これは，実は，民間企業で働く人にとっても有用な知識です。なぜなら市場におけるルールを適切に理解して経済活動を行うためには，政府による規制の意味について知っておくことが不可欠だからです。また，時代の変化や技術の進歩に応じて，これからの法的なルールがどのように変わっていくかについての予想を立てることができれば，ルール変更に振り回されずにすみます。

　そして，私たちは18歳になれば皆が選挙権を持つ有権者です。政府の出番がどのようなところにあるのか，なぜ政府が市場に介入すべきなのか（またすべきでないのか）を知っておくことは，とても大切なことですね。

これからの学習のために

《現実の課題について考えてみよう》　皆さんがミクロ経済学を勉強するのは，この教科書が初めてでしょうか？　それともすでにかなりの学習をしてきたのでしょうか？

　ミクロ経済学は，現実の分析に応用することに大きな価値がある学問です。もちろん純粋に理論的な面でも，パズルを解くような楽しさがありますが，やはり現実の政策課題に対処することや個人の行動への理解を深めるために使う道具なのです。

　皆さんはその最初のツールを手に入れました。しかし，これだけではまだ心もとないというのが実際のところでしょう。そこでぜひ大学の講義に積極的に参加し，初級中級の教科書を今後も読み進めていただきたいと思います。

《大学教員をもっと活用しよう》　ところで皆さんは，勉強していてわからない所があったらどうしますか？　友達に聞きますか？　それとも自分でどうにかしようと教科書を何度も読みますか？　そんなときには，いま使っているものとは別の教科書を読んでみるのも良いかもしれませんね。

　ここでぜひ皆さんにお勧めしたいのは，大学教員に質問をするということで

す。教員の多くは，自分の講義の受講生からの質問はもちろん，それ以外の学生からの質問も歓迎していることが多いのです。

　個々の先生によって考え方が違うため一概にはいえませんが，メールでアポイントメントを取るか，または自由に訪問できるオフィスアワーの時間が設定されていないかを調べてみてください。もっと教員を活用しましょう！

▌ お薦めの教科書

　ミクロ経済学についてさらに学ぶためにもぜひ読んでいただきたいと私が考えた，特にお薦めする文献を最後に紹介しておきましょう。もちろんここで挙げた以外にも良い本はたくさんありますので，書店や図書館で少し読んでみてから，自分にあったものを選んでください。

《経済学の考え方と応用について学ぶために》　まずは教科書ではなく，経済学の考え方を学ぶのに有益な副読本からです。

- 伊藤秀史『ひらすら読むエコノミクス』有斐閣，2012 年
- 大竹文雄『経済学的思考のセンス――お金がない人を助けるには』（中公新書）中央公論新社，2005 年
- 梶井厚志『戦略的思考の技術――ゲーム理論を実践する』（中公新書）中央公論新社，2002 年
- ジョン・マクミラン（伊藤秀史・林田修訳）『経営戦略のゲーム理論――交渉・契約・入札の戦略分析』有斐閣，1995 年

《ミクロ経済学：初級》　次に，ミクロ経済学の教科書のうちで，本書の次に読むと適切なレベルの本です。

- N・グレゴリー・マンキュー（足立英之ほか訳）『マンキュー経済学　Ⅰ　ミクロ編（第 4 版）』東洋経済新報社，2019 年
- 八田達夫『ミクロ経済学 Expressway』東洋経済新報社，2013 年
- 芦谷政浩『ミクロ経済学』有斐閣，2009 年

《ミクロ経済学：中級》　次に，ミクロ経済学の教科書のうちで，さらに深く学びたい人向けの本です。

- 奥野正寛編著『ミクロ経済学』東京大学出版会，2008 年
- 林貴志『ミクロ経済学（増補版）』ミネルヴァ書房，2013 年
- 神取道宏『ミクロ経済学の力』日本評論社，2014 年

《ゲーム理論》 次は，ゲーム理論の教科書です。
- 天谷研一『図解で学ぶゲーム理論入門』日本能率協会マネジメントセンター，2011 年
- 梶井厚志・松井彰彦『ミクロ経済学——戦略的アプローチ』日本評論社，2000 年
- 神戸伸輔『入門 ゲーム理論と情報の経済学』日本評論社，2004 年

《契約と組織の経済学》 第 10 章で扱った情報の非対称性がもたらす問題について，より詳しく知りたい人向けの教科書です。
- 石田潤一郎・玉田康成『情報とインセンティブの経済学』有斐閣，2020 年
- 伊藤秀史・小林創・宮原泰之『組織の経済学』有斐閣，2019 年

《経済学のための数学》 最後は，経済学に必要な数学の教科書です。
- 尾山大輔・安田洋祐編著『経済学で出る数学——高校数学からきちんと攻める（改訂版）』日本評論社，2013 年

　皆さんが，今後，経済学の勉強をさらに進めていく上での参考になれば幸いです！

索　引

（青字の数字書体は，本文中で重要語句として青色のゴシック体で表示されている
　語句の掲載ページを示す）

有斐閣 ストゥディア

ミクロ経済学の第一歩 ［新版］
First Steps in Microeconomics, New Edition

2013 年 12 月 20 日　初版第 1 刷発行
2021 年 4 月 5 日　新版第 1 刷発行
2022 年 11 月 20 日　新版第 3 刷発行

著　者	安　藤　至　大
発 行 者	江　草　貞　治
発 行 所	株式会社　有　斐　閣

郵便番号 101-0051
東京都千代田区神田神保町 2-17
http://www.yuhikaku.co.jp/

印刷・株式会社理想社／製本・大口製本印刷株式会社
© 2021, Munetomo Ando. Printed in Japan
落丁・乱丁本はお取替えいたします。
★定価はカバーに表示してあります。
ISBN 978-4-641-15085-0